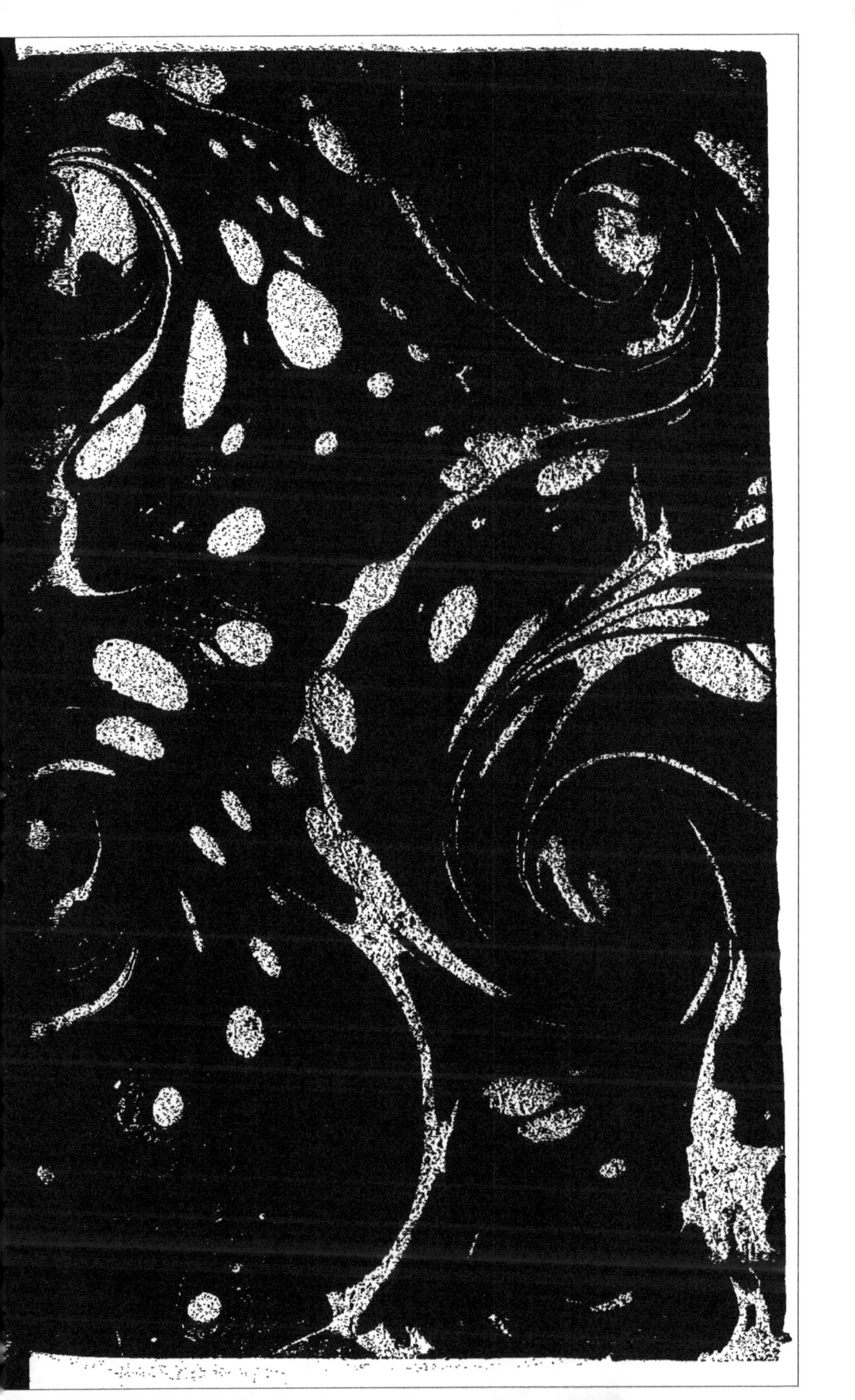

4482

4482.
H.

PRÉCIS

HISTORIQUE

DE LA VILLE

DE MESSINE,

De ses Mœurs, de son Commerce & de
ce qui s'y voyoit de plus remarquable
avant sa destruction ;

AVEC UNE IDÉE DE LA CALABRE ;

SUIVI d'une Description curieuse des Montagnes
connues sous le nom d'ETNA, ou Mont
GIBEL, & du VÉSUVE, fameuses par
les fréquentes éruptions de flammes, de bitumes
& de cailloux qu'elles vomissent, &c.

PRÉCÉDÉE d'une Notice historique des
TREMBLEMENS DE TERRE qui ont ravagé
le Globe jusqu'à l'époque de celui de MESSINE
du 5 Février 1783.

Enrichi d'un Plan Topographique de MESSINE.

Prix, *vingt-quatre sols broch.*

AVERTISSEMENT.

CE Précis auroit paru dès le mois de Mars dernier, si nous eussions voulu nous en rapporter aux diverses Relations qui ont parues jusqu'à présent, des Tremblemens de terre qui ont détruit entièrement la Ville de MESSINE & une partie de la Calabre ; mais l'espérance dont on nous avoit flatté de nous donner des nouvelles plus circonstanciées, nous a forcé d'attendre. Aussi le Public peut être persuadé que les Détails insérés dans cette Brochure sur ces funestes Tremblemens de terre & les ravages horribles qu'ils ont fait dans la Sicile & dans la Calabre, sont extraits de plusieurs Lettres écrites, soit de Messine, soit de Palerme, de la Calabre, & même des Gazettes de France, &c. &c.

MONT-GIBEL, autrefois Mont-Etna, fameux Volcan qui a souvent ravagé la Sicile. Il en sort continuellement de la fumée et souvent des flames. Les violentes Eruptions qui s'en font, sont presque toujours précédées de tremblemens de Terre. Le peuple superstitieux de ce Pays le regarde comme l'habitation des Démons.

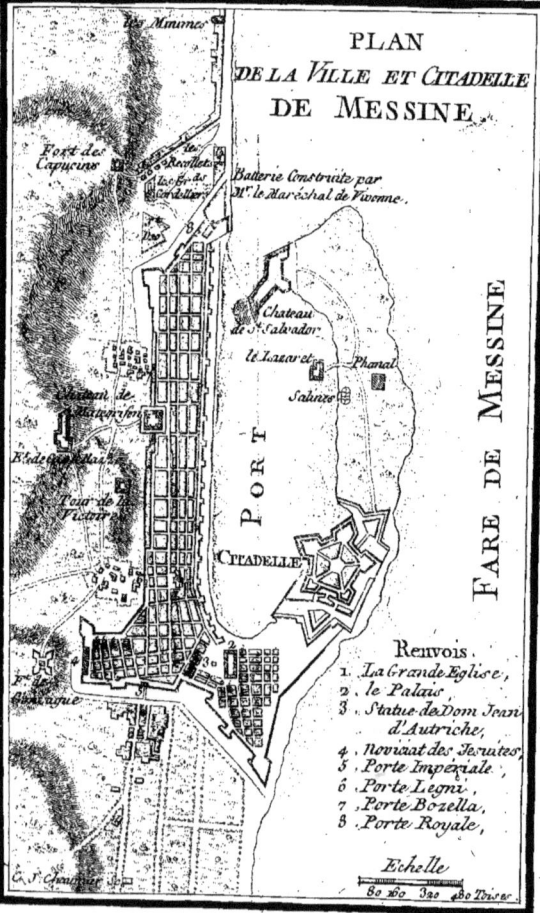

PLAN
DE LA VILLE ET CITADELLE
DE MESSINE

Les Mines

Fort des Capucins

Batterie Construite par Mr. le Maréchal de Vivonne.

Château de St Salvador

le Lazaret

Phanal

Salines

PORT

FARE DE MESSINE

Château de Matagrifon

B. de Gonzague

Tour de la Victoire

CITADELLE

Fr. de Gonzague

E. S. Chauquet

Renvois.
1. La Grande Eglise,
2. le Palais,
3. Statue de Dom Jean d'Autriche,
4. Noviciat des Jésuites,
5. Porte Impériale,
6. Porte Legni,
7. Porte Bozella,
8. Porte Royale,

Echelle
80 160   320   480 Toises

PRÉCIS
HISTORIQUE
DE LA VILLE
DE MESSINE,
DE LA SICILE, &c.;

CONTENANT

L'Abrégé de l'Histoire de ces Contrées, avec une Notice de LA CALABRE & des Villes de cette Province, divisée en citérieure & ultérieure, &c. &c.

A PARIS,

Chez CAILLEAU, Imprimeur - Libraire, rue Galande, vis-à-vis de la rue du Fouare.

M. DCC. LXXXIII.

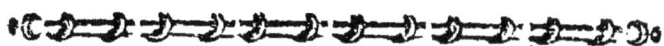

AVERTISSEMENT.

Dans un moment où presque tou-tes les parties du monde habité reten-tissent du désastre arrivé dans la Calabre & à Messine , le 5 de Février 1783 , où la plûpart des papiers publics font des récits plus ou moins effrayans de cette épouvantable cataftrophe , qui doit fixer à jamais l'attention des Ob-fervateurs des révolutions du globe , en même tems qu'elle épuife les pleurs de la fenfibilité fur tant de déplo-rables victimes des fléaux deftruc-teurs de la Nature ; dans ces affreux momens, difons-nous , où la curiofité humaine , toujours plus attentive aux événemens récens , doit defirer de fe repaître , pour ainfi dire , du tableau

A iij

des lieux où se font paſſées ces ſcènes
de déſolation & d'horreur , nous avons
cru ne devoir point différer d'offrir au
Public , les notices les plus éten-
dues qu'il a été en notre pouvoir
de raſſembler ſur ces malheureuſes
contrées. Doûter du mérite de notre
travail eſt un devoir : douter du ſuc-
cès , ſeroit inconſidéré. Dans une con-
jonƈture auſſi fâcheuſe , où cet Ouvrage devient d'une néceſſité indiſpen-
ſable pour mettre , ſi l'on peut s'exprimer ainſi , tous les Leƈteurs à la ſcène
de ces triſtes événemens , nous avons
quelque droit de préſumer qu'il ne ſera
pas regardé d'un œil indifférent. C'eſt
à l'exaƈtitude principalement que nous
avons cru devoir nous borner ; & nous
penſons que c'eſt à-peu-près tout ce

qu'on pouvoit exiger de nous dans l'objet de nos recherches, dont nous fommes fort loin de prétendre nous faire un autre mérite, que celui d'avoir raffemblé, réuni & comparé ce que les Hiftoriens, les Voyageurs, &c. les plus accrédités ont donné fur la Calabre & fur la Sicile.

Nous avons cru devoir y joindre des obfervations qui nous ont paru intéref-fantes fur les révolutions de la Sicile, fur le caractère de fes Peuples, fur les Pro-ductions du pays, fur fon Gouver-nement, fur fes différens Tribunaux, fes Finances, fon Adminiftration, &c. Enfin, fur tout ce qui nous a paru de-voir mériter l'attention de tout Lec-teur qui cherche à s'inftruire; & nous croyons avoir, à cet égard, atteint en

quelque forte le but que nous nous fommes propofé de laiffer peu de chofes à
defirer fur cet objet. Nous defirons
au refte bien vivement avoir réuffi dans
cette forte d'entreprife littéraire , pour
faire l'hommage public de notre fuccès
aux Auteurs , Hiftoriens , Voyageurs ,
Géographes & autres , auxquels nous
fommes redevables des articles que
nous avons raffemblés pour la fatis-
faction des Lecteurs ; car , nous aimons
à le répéter , nous ne prétendons pas
à aucune autre efpèce de mérite , que
celui de l'utilité dont peut être cet Ouvrage dans les circonftances préfentes.

PRÉCIS

HISTORIQUE

DE LA SICILE,

ET PARTICULIÉREMENT DE LA VILLE

DE MESSINE.

LA Sicile [1] eſt une grande Iſle vis-à-vis de la partie méridionale de l'Italie : elle

---

(1) La Sicile eſt la plus grande & la plus conſidérable des Iſles de la Méditerranée ; elle eſt ſituée entre le 30 & le 33e dégré & demi de longitude & le 36e dégré, 25 minutes de latitude. On lui donne 200 lieues de côtes, & elle s'étend du Midi au Nord, l'eſpace de 90 lieues communes de France & de 108 du Levant au Couchant. Le Détroit de Meſſine, qui la ſépare de la Calabre, n'a que trois mille d'Italie dans l'endroit le plus étroit.

Elle eſt diviſée en trois Vallées ou Provinces ;

a la figure d'un triangle. Elle a été appel-
lée Sicile, du nom Phénicien *Scicaloul*, qui
veut dire *Parfait*, parce que les Phéniciens

___

la Vallée de Mazara, qui eſt au Couchant, &
celles de Démona & de Noto, ſituées au Levant.

La Vallée de Mazara, qui a environ 72 lieues
communes de France, du Midi au Nord, &
autant du Levant au Couchant, contient 102
villes; elle eſt arroſée par une vingtaine de petites
rivières; elle a pour Capitale la ville de ce nom,
qui eſt très-ancienne & qui a un Evêché ſuffragant
de Palerme, & un bon port. Cette Vallée eſt
conſidérable & occupe la partie Occidentale de
l'Iſle. Elle eſt très-fertile, & comprend la ſeconde
partie de la Sicile. La ville eſt ſur la côte à 10
lieues Sud-Oueſt de Trapani, 22 Sud-Oueſt de
Palerme, longitude 30, 14; latitude 37, 42.

La Vallée de Démona eſt au Nord-Eſt de la
Sicile. C'eſt la plus voiſine de l'Italie. *Voſgien*
lui donne 40 lieues de long, ſur 25 de large. Elle
eſt très-fertile, & a environ cinquante lieues communes de France d'étendue, le long de la côte
Orientale, dans la mer Ionienne, 75 dans ſa partie
Septentrionale, le long de la mer de Toſcane,
& 62 dans ſa plus grande largeur d'une mer à
l'autre: on y compte 134 villes dont la principale
eſt Meſſine. La Vallée de Noto renferme 50 villes,
dont la Capitale eſt Noto. C'eſt une ancienne,
grande & belle ville ſituée ſur une montagne. C'eſt

la regardoient comme la plus belle & la plus fertile des Isles de la Méditerranée. On lui a donné ensuite le nom de Trinacrie, à cause de ses trois Promontoires ou Caps ; le Cap Faro, près de Messine, autrefois Pelorum, vis-à-vis de l'Italie : le Cap Passaro, autrefois Pachynum, au Midi, & le Cap di Beco, autrefois *Lylibée*, à l'Ouest.

Le Détroit qui sépare la Sicile de l'Italie est dangéreux, par ses deux gouffres connus dans l'antiquité, sous les noms de Caribde & de Scylla. Le premier a été ainsi nommé des mots Phéniciens : *Chour Abedum*, qui signifie Trou de perdition ; & le second, du mot *Schoul*, ou malheur mortel. On appelle ce Détroit le Fare de Messine, parce qu'il y a au voisinage de Messine un Fanal pour éclairer les vaisseaux pendant la nuit.

---

la patrie d'*André Barbatius*, selon quelques-uns, & de *Nicolas Spécialis*. Cette Ville est à quatre lieues Nord - Ouest de Modica, 9 Sud - Ouest de Syracuse, longitude 32, 45 ; latitude 36, 50. La Vallée de Noto est une des trois Vallées ou Provinces qui partagent la Sicile entre la mer, le Val di Démona & le Val di Mazzara.

Le flux & le reflux s'y font fentir de fix en fix heures avec une rapidité extraordinaire.

L'air de la Sicile eft fort bon, mais chaud. Le terroir en eft fi fertile, qu'on l'appelle le Grenier de l'Italie. On y recueille du bled, du vin, des fruits, de l'huile, du fafran, plufieurs fimples, de la foie, du coton, du miel & de la cire : on y trouve des agathes, des émeraudes, des mines d'or, d'argent & de fer : vers la côte occidentale, on y pêche de très-beau corail. Mais les flammes du Mont Gibel, autrefois Mont Ethna, y font de tems en tems de terribles ravages, & les tremblemens de terre y font également funeftes.

Les Siciliens font gens d'efprit & induf-ftrieux, mais peu conftans. Ces peuples, après avoir été fous la puiffance des Grecs, des Carthaginois, des Romains, des Empereurs Grecs & des Sarrafins, tom-bèrent enfin, dans le XIᵉ fiècle, fous celle des Normands, avec le Royaume de Naples. Les François pofledèrent la Sicile pendant une partie du XIIIᵉ fiècle, malgré les guerres qu'il leur fallut effuyer de la part des Rois d'Arragon qui y avoient des prétentions. Mais un Seigneur Napolitain, à l'occasion d'un mécontentement particulier, forma contre eux une conspiration qui éclata en 1282, le jour de Pâque. On égorgea par toute la Sicile, à la même heure, tous les François qui s'y trouvèrent, & l'on appella ce meurtre Vêpres Siciliennes, parce qu'on prit pour signal le premier coup de l'office des Vêpres. Depuis ce tems, les Rois d'Espagne ont joui de la Sicile en qualité de Rois d'Arragon; mais par la paix d'Utrecht en 1713, cette isle fut donnée au Duc de Savoie, qui en prit le titre de Roi. Ce Prince fut forcé ensuite de céder cette isle, en 1720, à l'Empereur, & eut en échange celle de Sardaigne. La Maison d'Autriche a possédé la Sicile avec le Royaume de Naples, jusqu'en 1736, que Don Carlos, aujourd'hui Roi d'Espagne, devint maître de l'une & de l'autre par le Traité de Vienne. La Sicile, avec Naples, est aujourd'hui possédée par l'un de ses fils.

Il n'y a point de Rivière considérable en Sicile.

Cette Ifle a environ foixante lieues de long, fur quarante de large. En conféquence des chaînes de montagnes qui la traverfent, on la divife en trois vallées : Démona, Noto, Mazara.

On joint ordinairement à la Sicile les Ifles de Lipari, qui en font voifines, au Nord-oueft, & qui depuis long-tems ont fuivi fon fort [1].

Cette Ifle fut d'abord nommée Sicanie, parce que Sicanus, Roi des Ibériens, s'y établit, & lui donna fon nom. Les Siciliens chaffés du pays latin par les Aborigènes,

_____

(1) Nous joindrons à ce Précis Hiftorique de l'Ifle & du Royaume de Sicile, que nous devons principalement à l'Auteur de la Géographie moderne, la defcription qu'en a donnée M. de Fer dans fon Atlas (1725).

La Sicile eft une des plus grandes Ifles de la mer méditerranée, féparée du Royaume de Naples par un canal de mer, appellé *Far de Meffine* ; fon étendue d'Orient en Occident, eft entre les 30 & 34 dégrés de longitude, & fa latitude entre les 36 & 39 dégrés ; fa figure eft triangulaire & divifée en trois grandes Provinces qu'on appelle Vallées di Démona, di Noto & di Mazara. La vinrent l'habiter enfuite, partagèrent l'Ifle avec les Sicaniens, & lui donnèrent auffi leur nom qui a prévalu. La Sicile a été peu plée d'ailleurs, en différens tems, par plufieurs colonies Grecques. Il s'y forma divers Etats, dont le principal fut celui de Syracufe, pofſédé fucceffivement par Denis, Agatocle & Hieron. Les Romains & les

Ville de Meffine, qui eft la plus confidérable de l'Ifle, eft un des fameux Ports de la mer méditerranée. Elle eft fituée dans la Province di Démona, & de fon port, on voit les côtes de la Calabre, Province du Royaume de Naples en Italie. Ls, Ville de Palerme eft le fejour ordinaire des Vicerois de l'Ifle, & prétend en être la Capitale; elle eft dans la Province de Mazara. Syracufe & Augufta Villes fi fameufes dans l'antiquité, font de la Province di Noto.

Cette Ifle, qui eft poffédée par les Efpagnols, depuis les Vêpres Siciliennes, qui arrivèrent le jour de Pâques de l'année 1282, eft très-fertile en vins, fruits, grains, cire, miel, fucre, huile, fafran, & fur-tout en foie; il y a auffi des minéraux & des eaux minérales, du fel & pierres précieufes. La pêche du corail, du ton & des anguilles, qui fe fait fur fes côtes, y eft très-confidérable; fes bois & fes forêts y font remplis de

Carthaginois se la disputèrent pendant long-tems ; les premiers restèrent les maîtres, & elle fut soumise à la République Romaine jusques vers l'an 440 de Jesus-Christ, que les Vandales s'en emparèrent. Bélisaire, Général de l'Empereur Justinien, l'enleva à ces barbares en 525, & elle demeura soumise aux Empereurs de Constantinople, jusques vers l'an 828, qu'elle devint la proie

---

gibier, ses campagnes de gras bestiaux, & ses rivières, d'excellens poissons. Entre ses montagnes, le mont Etna, aujourd'hui Gibel, est la plus considérable par sa hauteur, qui fait que son sommet est toujours couvert de neiges, du milieu duquel sortent de grosses flammes & une épaisse fumée, comme d'une grande fournaise. Les dommages que cette montagne a causés dans son voisinage, par ses inondations de feu & de cendres, sont inestimables, & la ville de Catane, qui en a plusieurs fois été consommée ou ensevelie, en peut apprendre des relations à faire horreur. Mais quand ce Mont ne jette des cendres que médiocrement, cela en rend les terres d'alentour beaucoup meilleures & plus fertiles. Les habitans sont subtils & fins, éloquens & de belle humeur, aimant les nouveautés ; ils passent pour vindicatifs & pour ennemis de la peine & du travail.

des Sarrasins. Robert le Boffu, second fils de Tancrède, Prince Normand, en chassa ces infidèles, & prit le titre de Comte de Sicile en 1080. Roger son fils fut couronné Roi des Deux-Siciles ; c'est-à-dire, de la Sicile proprement dite, & du Royaume de Naples en 1130 par l'Anti-Pape Anaclet, & en 1139 par le Pape Innocent II. Il transmit ce double Royaume à ses descendans, qui en jouirent jusqu'en 1282. Pierre III, Roi d'Arragon, qui avoit des prétentions sur ces Etats, comme mari de Constance, fille de Mainfroi, bâtard de l'Empereur Frédéric II, Roi des Deux-Siciles, s'empara à cette époque de la Sicile proprement dite, après les fameuses Vêpres Siciliennes [1].

Le Roi d'Arragon la transmit à ses descendans, Rois d'Arragon & d'Espagne, qui en ont joui jusqu'en 1706. L'Ar-

---

(1) Les Siciliens, par une barbarie dont il n'y a jamais eu d'exemple, eurent la cruauté de massacrer jusqu'aux femmes Siciliennes enceintes de leurs maris qu'ils venoient d'assassiner, afin qu'il ne restât aucun rejetton des François.

chiduc Charles , qui a été enfuite Empereur fous le nom de Charles VI, la prit alors à Philippe V , Roi d'Efpagne. Elle fut cédée en 1713, par le Traité d'Utrecht, à Victor Amédée, Duc de Savoie, qui en a joui jufqu'en 1718 , que les Efpagnols la reprirent. Les Autrichiens, avec le fecours des Anglois, la leur enlevèrent deux ans après ; & l'Empereur Charles VI donna alors la Sardaigne en échange au Duc de Savoie. Le premier fut dépoffédé de la Sicile par l'Efpagne en 1734; & enfin ce Royaume , avec celui de Naples, eft refté à l'Infant Don Carlos, fils de Philippe V , Roi d'Efpagne , par les Traités de Vienne de 1735 & 1738.

La capitale renferme un dixième des habitans du Royaume.

Les nobles Siciliens voyagent beaucoup , & il y en a parmi eux qui ont tiré parti de leurs voyages. Ils font extrêmement prévenans envers les Etrangers, & ils font plus vifs & plus pénétrans que les Napolitains. On en trouve plufieurs qui s'adonnent aux Sciences : ils tâchent de mettre du goût dans l'ameublement de leurs maisons : le luxe en équipages, est excessif à Palerme ; il y a jusqu'à des Artisans qui vont en carrosse par la ville. Les femmes Siciliennes sont très-enjouées ; leur teint est assez beau pour un climat aussi méridional : les nombreuses familles de Palerme rendent témoignage de la fécondité des Siciliennes. La nation aime beaucoup à plaider, aussi y a-t-il une infinité d'Avocats & de Légistes ; les dispositions féodales font naître des procès éternels. Le Sicilien ne paroît pas avoir un génie créateur, mais il est habile à imiter. Le pouvoir de l'Inquisition en Sicile, contribue beaucoup à conserver l'ignorance dans l'isle. Le Saint-Office, à la réquisition des Jésuites, a fait enlever au seul Libraire François qu'il y ait à Messine, une quantité de livres sans aucun discernement, & entr'autres la Physique de s'Gravesande. Malgré cela, il se trouve en Sicile des personnes à qui cette oppression donne le désir de s'éclairer. Dix personnes, à Messine, ont formé, depuis plusieurs années, une espèce d'Académie des Sciences, qui s'assemble toutes les semaines à huis ouverts, chez un d'entr'eux ; cette assemblée, à laquelle il manque encore l'approbation du Roi, se nomme *des Réparateurs*. Il n'y a presque point d'industrie dans cette isle. Le Sicilien, qui a tant de matières premières, ne sait pas les façonner, ni même en tirer parti par un commerce libre ; & c'est par cette raison que la dépopulation de l'isle va en augmentant. Peut-être la seule République de Syracuse avoit-elle anciennement autant de Sujets que toute la Sicile a présentement d'habitans. Le peu de sûreté qu'il y a à voyager en Sicile, ne donne guères bonne opinion des Siciliens : les brigands sont protégés ouvertement par quelques Barons du Royaume.

Nous croyons devoir ajouter ici un portrait des Siciliens, tiré du voyage du Baron de Riedsel.

Cette nation, ainsi que tous les peuples méridionaux, possède beaucoup de finesse, de pénétration & de talens, mais elle est en même tems fort adonnée à cette molesse, à ce penchant à la volupté, à cet esprit de rufe & d'artifice qui femblent généralement s'augmenter à mefure qu'on s'avance vers le Midi. Ce feu fi étonnant qui les anime, n'eft point accompagné chez eux de la moindre apparence de ce flegme fi néceffaire aux Artiftes dans l'exécution, ce qui fe manifefte, non-feulement chez leurs Peintres & chez leurs Sculpteurs, mais encore chez leurs Poëtes, dont tout fourmille dans ce Royaume, même parmi le peuple, fur-tout de ces Poëtes qu'on nomme *Improvifateurs*. On les voit tous préférer le plaifir de produire de nouvelles penfées, au foin de les repaffer, de les perfectionner, de les purger de leurs fautes. On voit bien que la Nature, dans ce climat, n'opère plus dans ce jufte milieu, entre le froid violent & l'exceffive chaleur qui produit cet heureux flegme. Un fel âcre agit fans ceffe fur leurs nerfs, & rien n'eft plus commun en Sicile, qu'une maladie qu'ils nomment *umori falfi* (humeur falée), ce qui pourroit bien, au refte, n'être qu'une fuite de la façon dont ils vivent, & fur-tout des excès qu'ils font en fucrerie. Quoi qu'il en foit, cette âcreté d'humeurs les rend inquiets, impatiens, & cette difpofition, jointe au feu immodéré qu'ils portent au dedans d'eux, fe manifefte fouvent par les actes les plus violens ; voilà pourquoi les effets de la jaloufie & de la vengeance font fi terribles chez eux, & qu'ils furpaffent à cet égard toutes les autres nations.

[1] Ce même mélange qui compofe leur caractère, produit auffi quelquefois un héroïfme & un ftoïcifme dont on pourroit tirer le plus grand parti. On peut en citer quel-

---

(1) Voici un exemple qui prouvera jufqu'à quel point les Siciliens font portés à la vengeance, & les traces profondes qu'a faites chez eux l'ancien efprit républicain. Du tems de l'Empereur Charles V, il fe forma à Trapani une Confrairie fous le nom de Confraternita di San Paolo, dont l'inftitution & le vœu confiftoient à prononcer des jugemens fur les actions & la conduite de leurs Magiftrats, de leurs Concitoyens & de chaque habitant de la ville : quiconque avoit été condamné par toute l'affemblée, étoit perdu fans reffource, & celui des membres de la Confrairie, que l'on chargeoit de l'exécrable fonction d'affaffin, étoit obligé d'obéir fans réplique, & d'expédier en cachette cet homme ainfi condamné fecrettement par cet abominable Tribunal.

ques traits. Dans le tems que le brigand Teſtalunga infeſtoit la Sicile avec ſa troupe, Romano, ſon ami & ſon confident, eut le malheur d'être pris; il étoit en quelque façon le Lieutenant de Teſtalunga, & après lui le premier de la troupe. Le père de ce Romano fut arrêté dans le même tems & empriſonné pour crime; on lui promit ſa grace & ſa liberté, ſi ſon fils vouloit ſe prêter à trahir Teſtalunga & le leur livrer. Le combat entre la tendreſſe filiale & l'amitié jurée, fut des plus violens chez le fils; mais le père lui-même lui perſuada de donner à l'amitié la préférence ſur l'amour filial, qui ſeroit, diſoit-il, avili, s'il le faiſoit éclater dans ce moment, au prix d'une trahiſon. Romano ſe rendit à l'avis de ſon père, & fut fidèle à ſon ami. Teſtalunga lui-même ayant été pris par la ſuite, on ne put jamais, malgré les tortures les plus cruelles, l'engager à trahir aucun de ſes compagnons, & il garda juſqu'à la fin le ſilence le plus profond ſur ce qui les concernoit.

Le trait ſuivant offre un bel exemple d'un véritable amour mis à la plus forte épreuve.

Un Prince d'une des plus nobles familles de Palerme, vivoit dans un commerce secret & très-intime avec une demoiselle de même condition que lui : cette intrigue aboutit au mariage, mais un peu tard, puisque la Dame accoucha d'un fils, deux mois après ses nôces. La honte, dans un pays où les impreffions de l'honneur font fi fortes, le defir de fe mettre à couvert des propos que cette aventure feroit tenir à toute la ville, l'efpoir enfin de voir bientôt fuccéder d'autres enfans à celui-ci, engagèrent les deux époux à le fouftraire à la connoiffance du Public, & à remettre le foin de fon éducation & de fa fubfiftance à un payfan. La chofe demeura fecrette jufques au moment que la mère fe voyant à l'article de la mort, fe crut obligée, pour l'acquit de fa confcience, de révéler tout le myftère. On fit auffi-tôt revenir de la campagne ce fils, qui parut plus étonné que réjoui de fon changement d'état : il déclara d'abord qu'il ne s'y foumettoit qu'à condition qu'on lui permettroit d'époufer une payfanne charmante qu'il aimoit. Cette demande n'ayant pas pu lui être accordée, il renonça à toutes fes prétentions en faveur de fon frère, & reprit joyeufement l'état dans lequel il avoit été élevé. Il y vécut content avec l'objet de fa tendreffe, dans une obfcure, mais heureufe médiocrité.

Il fe trouve encore par-ci par-là des traits de reffemblance entre les anciens Siciliens & ceux de nos jours, quoique les nombreufes mutations d'habitans, de Souverains & de formes de Gouvernement, ayent rendu ces traits un peu rares. Les phyfionomies Grecques y font encore affez fréquentes, fur-tout le long des côtes feptentrionalès & orientales, & l'on y voit un grand nombre de beautés en hommes & en femmes, mais plus dans l'autre fexe que dans le nôtre, ce qui eft tout le contraire du climat de Naples, qui produit de très-belles figures en hommes, tandis qu'il n'eft pas auffi favorable au beau fexe. Les Siciliennes aiment fincerement & avec violence & font voir que leur fexe eft capable de conftance & de fidélité. Une autre chofe qui leur refte des Grecs, c'eft l'empreffement des habitans à exercer l'hofpitalité envers les étrangers.

Cette jalousie nationale des anciens Grecs, & ce desir de passer pour plus ancien, pour plus puissant, pour plus célèbre que les autres, domine encore dans toutes les villes de la Sicile. Palerme & Messine se disputent aujourd'hui la prééminence, comme autrefois Athènes & Lacédémone. Girgenti & Syracuse sont en rivalité pour les antiquités qui s'y sont conservées ; Manara & Sciacca, parce que la première prétend être l'ancienne Séli-nunte, & l'autre, *Thermæ Selinuntinæ*. Il n'en est aucune où je n'aye trouvé de ces sortes de prétentions. L'ancienne débauche & l'intempérance dans les repas & dans la boisson, ont entiérement disparu [1]. Les Siciliens sont aussi sobres qu'il soit possible de l'être, & l'ivrognerie est pour eux le plus grand des vices, celui qui leur inspire le plus d'horreur ; on y aime les mets sucrés & tous les genres de sucrerie, au-dessus de tout, de façon qu'on ne sauroit faire de repas sans quelque plat apprêté au sucre. Les fruits, les productions de la terre, le

_____

(1) M. Brydone ne pense pas de même.

gibier,

gibier, le poisson, y sont exquis, & les vins le seroient aussi par-tout, si l'on mettoit plus de soin & d'habileté dans leur fabrication. Ils ont diverses espèces d'oiseaux qui ne se trouvent qu'en Sicile, tels que le Framolin, qui est de la grosseur d'un coq de bruyère, & d'un goût délicieux; le paon sauvage, & d'autres encore. Dans leur économie champêtre, on retrouve à chaque pas Théocrite & ses descriptions. Ces nombreux troupeaux de chèvres qui cherchent sur les collines les herbages propres à leur nourriture; cette grande espéce de moutons & de béliers, au ventre de l'un desquels Ulysse s'attacha pour s'échapper de la caverne de Poliphème; cette quantité de bêtes à cornes de couleur rougeâtre & de petite taille, tout retrace les différens tableaux de ces Eglogues peints dans la nature & dans la réalité. Les bergers se disputent encore entr'eux le prix du chant, & déposent une houlette ou une pannetière pour le vainqueur. Le climat est si doux & si favorable, qu'ils peuvent passer toute l'année dans les champs; ils habitent des hutes de paille,

& les beftiaux reftent jour & nuit en plein air.

Le peuple, en Sicile, fait ufage d'un habillement tout particulier, qui paroît d'abord entiérement oppofé à la nature du climat ; car les hommes portent des bonnets de couleur & jamais de chapeaux, ce qui eft très-incommode dans la grande chaleur, & ils fe couvrent d'ailleurs d'une multitude de capes ou capotes qui ont toutes un capuchon femblable à ceux des capucins. On voit des hommes qui voyagent à cheval, mettre jufqu'à quatre de ces capotes l'une fur l'autre, & en ôter ou en remettre une partie, felon le tems qu'il fait ; mais comme dans un pays où le foleil eft fi ardent, dans une ifle où les vents varient & paffent fi brufquement du chaud au froid & du froid au chaud, il eft très-aifé d'être faifi tout-à-coup par le froid, & de gagner une pleuréfie, maladie effectivement très-fréquente en Sicile ; le foin qu'ils prennent de s'en garantir en fe couvrant beaucoup, eft fondé en raifon & des plus naturels. Les femmes de la campagne ont confervé quelque chofe de l'habillement Grec dans le voile qui leur entoure la tête, & dans la large ceinture dont elles fe ceignent. Dans les villes, elles portent, fuivant l'ufage Efpagnol, des grandes tailles noires. La Nobleffe de Palerme tâche d'imiter les modes Françoifes, comme le refte de l'Europe.

Les affaffinats ne font plus fi fréquents chez les Siciliens, qu'ils l'étoient autrefois, quoiqu'il leur arrive encore de tems en tems d'immoler des victimes à leur jaloufie ou à leur reffentiment.

Il y avoit autrefois à Palerme & à Meffine un prix fait pour expédier un homme; il n'en coûtoit que dix onces ou douze fequins : actuellement que la chofe n'arrive pas fi fouvent, il en coûteroit beaucoup davantage. Comme la jaloufie va toujours en diminuant, & qu'il n'exifte plus de factions politiques dans ce pays, ces événemens deviennent de jour en jour plus rares. Les Dames de Palerme jouiffent d'une grande liberté, comme dans tout le refte de l'Italie, & les maris commencent à rougir de cette jaloufie attachée au terroir; ils aiment à recevoir les Etrangers, & l'on y passe le tems assez agréablement.

Depuis quelques années que la Sicile vend très-avantageusement ses denrées au dehors, il y a beaucoup d'argent dans le Royaume : le Cultivateur sur-tout a gagné considérablement à ce commerce. Malgré l'exportation, rien de ce qui sert à la vie n'y est cher, ce qui peut venir de la grande abondance des denrées & d'une population peu nombreuse.

En un mot, le climat, le sol de la Sicile & ses productions, sont encore aussi bons qu'ils l'ayent jamais été ; mais l'inestimable liberté dont jouissoit l'ancienne Grèce, la population, la puissance, la magnificence & le bon goût n'y existent plus ; & les habitans actuels peuvent dire, *fuimus Troës.* Cependant, Solin a toujours eu raison de dire : *Quidquid Sicilia gignit, sive soli fœcunditatem, sive hominum ingenia spectas, proximum est iis quæ optimæ dicuntur.*

La Sicile est un des plus beaux pays de l'Europe : on peut avec raison l'appeller le Jardin de l'Europe. Son terroir imprégné d'une quantité de particules nitreuſes, eſt de la plus grande fertilité. Les deux provinces de Noto & de Mazara abondent en bled, comme celle de Démona en fruits. Les pâturages les plus gras ſont arroſés d'une quantité immenſe d'eau de ſource, dont quelques-unes ſont minérales & ſalutaires pour la guériſon de différentes maladies. L'Iſle produit les ſimples les plus rares, d'excellens vins, de l'huile, des cannes à ſucre, des mûriers en grand nombre pour la nourriture des vers à ſoie, de la manne, du ſafran, des fromages, des laines; il s'y trouve des carrières d'alun, de vitriol, de ſoufre & beaucoup de ſalpêtre; des montagnes pleines de ſel foſſile, près d'Enna de Caſtro-Giovanni, des marais ſalans, ailleurs des mines de plomb, de fer, de cuivre, peut-être d'or & d'argent; des carrières de marbre, de toute ſorte de porphyres, de pierres précieuſes, telles que des émeraudes & des agathes, & beaucoup de corail; les anguilles du Faro, & le poiſſon appellé Épée, ſont très-eſtimés. La province de Démona eſt particuliérement riche en ſoie, en huile

& en mines. La campagne de Meſſine eſt plantée d'oliviers, de figuiers, d'orangers, de cèdres ; celle du Val de Noto eſt très-fertile. Les beſtiaux deviennent ſi gras aux pâturages de Catane, qu'il faut les ſaigner pour qu'ils ne ſuffoquent pas. On y recueille beaucoup de miel. Les environs de Piazza, dans le milieu de l'Iſle, ſont délicieux, & abondent en ſources & en ruiſſeaux qui ſerpentent parmi de petits bois de pins & de coudriers. Des campagnes couvertes de thym, de calamente & d'autres herbes odoriférantes, ſe trouvent autour de Raguſe. L'Iſle produit encore des chevaux, des bêtes à cornes, des amandes, des piſtaches ; en un mot, il ne lui manque preſque que les épiceries.

On y compte juſqu'à trente-une difſérentes ſortes de marbres durs, plus de trois cents d'agathe, de béril ; de Jaſpe & d'autres pierres précieuſes.

Les mines, dans ce Royaume, étoient abandonnées depuis le départ des Saxons qu'on avoit appellés pour les faire exploiter. Le Roi a ordonné depuis quelques années de reprendre ces travaux.

Dans l'abfence du Roi, le Viceroi eft la première perfonne en Sicile ; il réfide à Palerme. Selon l'établiffement de Ferdinand le Catholique en 1488 , cette charge ne doit fe donner que pour trois ans ; mais on proroge fouvent la commiffion. Le Viceroi commande , comme Lieutenant & Capitaine - Général , toutes les troupes du Royaume , & préfide à tous les Tribunaux de juftice & de finances. En qualité de Légat à *Latere* du Souverain Pontife, il fiége dans les fonctions de la Chapelle du Roi, fous un baldaquin, affifté de tout le Sacro-Configlio ; dans la Cathédrale , il a un trône plus élevé que celui de l'Archevêque qui va à fa rencontre. Ses appointemens font de 40,000 écus de Sicile par an (environ 210,000 livres). La nomination de toutes les charges municipales & militaires du Royaume eft un de fes droits : cependant l'exercice de ce droit eft plus ou moins limité , felon les circonftances.

Le Viceroi eft affifté d'un miniftre qu'on appelle Confulteur. Charles-Quint inftitua cette place : il doit être jurifconfulte , &

fiége de droit à tous les Tribunaux, particulièrement dans les caufes fifcales, étant
défenfeur & protecteur du Tréfor Royal.

Les Tribunaux du Royaume font au nombre de quatre :

I. Le Tribunal de la grande Cour Royale
a le premier de tous les départemens du
Royaume : il connoît en dernière inftance
de toutes les caufes. Six Juges compofent
ce Tribunal, dont trois forment la Grande
Cour Civile, & trois la Grande Cour Criminelle; ils changent de chambre au bout
de l'année; & après deux ans, on leur en
fubftitue de nouveaux. Le Préfident, qui
eft le chef du Sacro-Configlio, refte toujours en place : un Avocat Fifcal intervient
à toutes les caufes qui intéreffent le fifc.

II. Le Tribunal du patrimoine royal,
nommé autrement Della Regia Camera,
dirige l'adminiftration de tous les revenus
du Roi. Ce département eft compofé de fix
miniftres qu'on nomme Maeftri Razionali,
dont trois font Jurifconfultes perpétuels,
qu'on appelle de Robe Longue; ils font
juges entre les particuliers & le fifc : les

trois autres de l'Ordre Equeftre ou de Robe
Courte , préfident uniquement à l'adminiftration économique & au tréfor. Le Préfident, qui eft à vie , eft chargé de la partie
des dépouilles & rentes des églifes vacan-
tes ; un Confervateur Général pour les in-
térêts du Roi; un Avocat Fifcal à vie , qui
examine les refcrits de la Cour de Rome, qui
doivent être exécutés dans tout le Royaume.
Chacun des fix Confeillers a fa tâche par-
ticulière ; l'un les galères , l'autre les ponts,
les chauffées & les fortifications ; un troifième, les appointemens des Miniftres du Roi:
trois collecteurs lèvent les deniers arriérés
dûs au Roi par les villes & les campagnes.

III. Le Tribunal de la Giunta exerce à
Meffine, depuis que cette ville a perdu fes
privilèges , la même jurifdiction que la
Chambre à Palerme ; il décide les diffé-
rends entre les Tribunaux Eccléfiaftiques.

IV. Le Tribunal du Confiftoire, nommé
encore Tribunale della Sacra Regia Conf-
tenza, eft compofé de trois Juges de robe ,
que le Roi élit tous les deux ans , & nomme
Confeillers Royaux. Il ne décide les caufes

qui, par voie d'appel ou de révifion, y font portées après le jugement des deux premiers Tribunaux.

Le Tribunal de la Monarchia Regia eft une des plus fingulières prérogatives des Souverains dé la Sicile. Le Pape Eugene III conféra au Roi Roger une Jurifdiction abfolue & indépendante pour le fpirituel còmme pour le temporel ; de-là vient que le Roi de Sicile eft Légat-né. Les Papes Urbain II & Adrien IV , confirmèrent ce beau privilège. Ce Tribunal eft compofé d'un Miniftre eccléfiaftique , Docteur en Droit-Canon , que l'on appelle à Palerme , *Monfignor de la Monarchia* ; d'un Avocat Fifcal , d'un Procureur. Il exerce en Sicile la même Jurifdiction qu'exerceroit un Légat ou Pape dans le Royaume de Naples ; il eft Juge ordinaire dans toutes les caufes qui regardent les Abbayes de Collation Royale & les Eglifes indépendantes de leurs ordinaires ; il connoît , par voie d'appel , des Sentences de tous les autres Tribunaux Eccléfiaftiques , & pour cela , il entretient des Cours fubalternes dans toutes les villes de l'Ifle , & à Malthe même.

Un autre grand Tribunal Eccléfiaftique dans l'Ifle, eft celui de la Croifade. Une Bulle d'Urbain II, de l'année 1095, accordoit aux fujets des Souverains qui alloient fe croifer en Paleftine, beaucoup d'indulgences, & entr'autres privilèges, celui de manger du laitage pendant le Carême. Alexandre VI renouvella cette Bulle, particulièrement en faveur de Ferdinand le Catholique, pour les Royaumes d'Efpagne & de Sicile. L'Archevêque eft, par délégation du Saint-Père, Commiffaire-Général de ce Tribunal; il a fes Tribunaux fubalternes dans toutes les villes de l'Ifle & à Malthe. L'argent qui fe paie pour avoir cette difpenfe, fait annuellement une fomme de 100000 écus, (525000 livres), lefquels, puifqu'il n'y a plus de guerre contre les Infidèles, doivent fervir à l'entretien des galères.

Les grandes dignités du Royaume, font les fept fuivantes qui, dans les tems paffés, étoient d'un très-grand relief. 1°. le Maëftro Poftalour a l'infpection des magafins à grains

& de tout ce qui regarde le commerce des denrées. Il a sous lui des Officiers subalternes dans les ports de mer , & il dépend lui-même du Tribunal des Finances ; 2°. l'Auditeur-Général prononce sans appel sur tous les crimes commis dans le palais du Roi par les Infidèles ou par des militaires ; il y a un Avocat & un Procureur Fiscal ; 3°. le grand Amiral ; sa Jurisdiction s'étend sur les mariniers , tant pout le civil que pour le criminel : cet emploi a été réuni à la Chambre ; 4°. il Protonotajo ou Chancelier; il exerce sa jurisdiction sur les Notaires du Royaume, expédie les Patentes pour tous les emplois , lit les propositions , quand le Parlement est assemblé , tient les protocoles dans ce cas ; au couronnement du Roi , il lit le serment de fidélité que doivent lui prêter les trois Ordres du Royaume , & celui que le Monarque doit prononcer pour le maintien des capitoli ou des privilèges de la ville de Palerme , laquelle cérémonie se fait encore à l'installation d'un Viceroi ; 5°. le Protonotaire della Camera Regiale , exerce le même emploi dans les six villes qui furent le domaine particulier des Reines de Sicile, jufqu'à ce qu'après la mort de Germaine de Foix, veuve de Ferdinand le Catholique, on les réunit au Domaine de la Couronne : voici le nom de ces fix villes, Syracufe, Lentini, Carlentini, San-Filippo, Mineo & Virini; 6º. Il Maëftro fecreto ou Secrétaireries du Royaume, peu de villes exceptées On appelle Secretari des Commis prépofés à l'adminiftration des revenus royaux & Gabelles : tous ces Secrétaires font comptables au Maëftro fecreto; 7º. le Lieutenant delle Regie Fifcalie, c'eft un Tréforier Général Criminel qui adminiftre tous les biens fequeftrés ou confifqués par la Chambre pour crime de félonie : il a fon Protonotaire.

Les trois Ordres du Royaume affemblés forment le Parlement; il dépend du Souverain de le convoquer quand il lui plaît. Quiconque ne peut comparoître, envoie un Procureur; les villes envoient des Députés, Palerme & Catane exceptées, qui envoient des Ambaffadeurs. Le Viceroi ouvre le Parlement, en expofant les propofitions du Roi; il fe retire enfuite pendant que les Etats

délibèrent. Les Siciliens prétendent pour
cela comparer leur Parlement à celui d'Angleterre. Avant la fin du Parlement, le
Viceroi élit douze Députés. Leur autorité
dure jusqu'à la convocation du nouveau Parlement, & ils font les Procuteurs & les
défenseurs de la Nation. La répartition des
sommes accordées au Roi, se fait par ces
trois Ordres ; Palerme y contribue pour un
dixième de toute la somme.

Le Royaume de Sicile fourmille de Nobles ;
tous ne font cependant pas Barons du
Royaume ; ce nom n'appartient qu'aux Seigneurs de grands Fiefs, qui ont voix au
Parlement, & y forment l'Ordre militaire.

On compte jusqu'à trois cens soixante-
huit familles de Barons, dont les uns ont
le titre de Princes, d'autres celui de Ducs,
Marquis ou Comtes ; ils jouissent du mero
& mixto imperio, c'est-à-dire, ils peuvent
condamner à mort leurs vassaux, après en
avoir informé le Viceroi.

Les revenus de la Noblesse Sicilienne,
consistans principalement dans la vente de

leurs bleds , & le commerce de cette denrée de première néceffité, n'étant pas entiérement libre , les prix des grains ne font pas fixés fur le taux du marché général de l'Europe : on voit bien qu'ils font très-inégaux d'une année à l'autre , auffi s'en apperçoit-on à la différence très-marquée dans la dépenfe de cette Nobleffe.

Il y a dans l'Ifle , trois Archevêchés & huit Evêchés L'Archevêque de Palerme , Primat de Sicile , Chef de l'Ordre du Clergé dans le Parlement , a pour Suffragans les Evêques de Girgenti , de Mazara , de Malthe, dans l'Ifle de ce nom. L'Archevêque de Meffine a le plus grand Diocèfe & le moins de revenus : fes Suffragans font l'Evêque de Cefalu , celui de Lipari dans l'Ifle de ce nom , & celui de Patti. L'Archevêque de Montréal a un Diocèfe très-petit; mais c'eft le plus riche Prélat de tout le Royaume , mais le Roi retient la moitié de fon revenu pour des penfions. L'Archevêque eft Seigneur temporel de Montréal ; il nomme le Gouverneur de cette ville : fes Suffragans font l'Evêque de Catane & l'Evêque de Syracufe.

Le Clergé possède un tiers de tous les biens fonds de l'Isle. Il y a 121 différentes Confrairies dans la ville de Palerme, outre 46 Couvens de Religieux & 25 Monastères de Religieuses.

Quand le Comte Roger fit le partage de la Sicile, il donna un tiers des terres au Clergé : aussi l'Evêque de Catane étoit-il autrefois Seigneur suzerain de la ville de Catane, de l'Etna & de tout le pays d'alentour. On a trouvé dans la suite le moyen de restreindre un peu cette puissance du Clergé qui devenoit prépondérante.

Le Clergé du Royaume de Naples, est encore plus riche. En 1726, le Gouvernement informa l'Empereur Charles VI, que les deux tiers des biens fonds du Royaume étoient dans les mains mortes; & depuis cette année jusqu'à présent, le Clergé a encore fait des acquisitions immenses, particulièrement les Moines qui se nomment *Servites*. La Loi si sage qui a été publiée dans le Mantouan, seroit bien nécessaire dans ces deux Royaumes. On est indigné de ne voir que des paysans couverts de haillons , & souvent tout nuds , dans le plus beau pays de l'Europe.

Les revenus annuels du Royaume de Sicile consistent dans les impositions sur les Universités du Royaume, tant séculières qu'ecclésiastiques , les dons ordinaires ou extraordinaires , les Fermes , les Gabelles & les droits & taxes : on les fait monter en tout à plus d'un million d'écus [1]. Cependant , selon un état des revenus du Roi de Naples , de l'année 1748 , ils n'étoient évalués que 324000 ducats Napolitains. Le Dépositaire de ces déniers à Palerme, est le Trésorier Royal , c'est-à-dire , un Ministre du Sacro Consiglio , qu'on appelle Magistro del real patrimonio.

La seule Ferme du tabac , en Sicile , rapporte annuellement 330 à 350,000 écus ; on le tire de Salonique ; il est jaune : le tabac noir que les Marchands de Gênes comptoient fournir , n'a point trouvé d'approbation.

Quant à la Marine, le Royaume de Naples

––––––––––––––––––––––––

(1) L'écu de Sicile vaut 5 livres 5 sols de France.

a ordinairement deux Vaisseaux, deux Frégates & quatre Chebecs.

A l'égard de la Milice de ce Royaume, les dix Sergenteries fournissent environ 1600 hommes de Cavalerie & 10000 Fantassins.

Les villes de Palerme & de Messine sont les entrepôts de tout le commerce de la Sicile.

Il y a quelques années qu'on établit à Messine une Compagnie Royale de commerce. On obligea tous les Négocians de Messine de contribuer aux fonds de cette Compagnie ; on fit un fonds de 350,000 écus de Sicile, qui font environ deux millions de France. Avec ce capital, la Compagnie auroit dû faire des gains d'autant plus grands qu'on lui accorda deux privilèges exclusifs, celui de l'importation du lin & des cuirs du Levant. Cependant, les monopoles ont ruiné les fabriques du pays, & la Compagnie qui n'en a point profité, s'est dissoute depuis peu.

La vallée de Démona a pris son nom du mont Gibel que le peuple regarde comme la bouche de l'enfer & de l'habitation des Démons.

Meffine [1], autrefois Meffena & Zanclé, eft Archevêché & port. C'eft une ancienne

---

(1) Voici l'Hiftorique & la Defcription de cette Ville, par *M. de Fer.* (1725).

Meffine eft une Ville très-confidérable, fituée dans l'Ifle de Sicile, fur le fameux Détroit appellé *Far de Meffine*, qui fépare la Sicile du Royaume de Naples, dont les Anciens ont tant chanté le tournant d'eau nommé *Caribde*, & le rocher de Soyglis, qui fe trouvent vis-à-vis l'un de l'autre, dans ce Détroit ou Far.

Cette Ville eft le féjour du Viceroi, le fiége d'un Archevêque, & un des plus fameux Ports de la mer de la Méditerranée ; il eft en forme de faulx, ce qui fit nommer anciennement cette ville *Zanclé*, qui veut dire faulx ou faucille ; elle fut fondée par les Grecs, & depuis a changé de Maître, & a été entraînée dans toutes les révolutions de la Sicile.

Elle eft aujourd'hui fous la domination des Efpagnols (1725), qui y ont fait conftruire, ces dernières années, une très-belle & forte citadelle dans le Port, & quantité d'autres ouvrages de fortification aux environs des anciennes, comme à la tour de la Victoire, à Matagriffon, à la demi-lune de Saint - Vincent, à Saint - Salvador, au Mole, &c.

Toutes les rues de cette Ville font belles, mais particulièrement celles qui font paralleles au quai, ville, grande, belle, riche & très-marchande. Les foies non travaillées & les

---

qui a 2000 pas de longueur en forme d'amphithéâtre bordé de grands Palais, tous de fymmétrie.

Il y a dix Paroiffes, & un grand nombre d'autres Eglifes, Couvens & Chapelles très-belles & très-riches ; la Cathédrale porte le nom de *Sainte-Marie la Neuve*, dont le grand portail eft revêtu de Marbre, au bout duquel eft écrit en gros caractères Gothiques & en Francois, GRAND MERCI A MESSINE, à caufe des vaiffeaux que les Meffinois prêtèrent aux François, pour paffer au Levant au tems des Croifades, ou bien, felon d'autres, parce que durant les Vêpres Siciliennes, les Meffinois renvoyèrent les François à Naples & en Provence, fans les égorger, comme firent toutes les autres Villes de cette Ifle, ou bien encore pour avoir la première ouvert fes portes aux François, quand ils s'emparèrent de la Sicile.

C'eft dans la Tour du tréfor de cette Eglife, que les Meffinois gardent une lettre qu'ils foutiennent leur avoir été écrite par la Sainte-Vierge, l'an de grace 42.

Les trèmblemens de terre, auxquels Meffine eft fujette, ne détruifent que trop fouvent les beaux Edifices de cette charmante & magnifique Ville dont le commerce eft très-riche & abondant, particulièrement en foie.

étoffes de foie , forment fon principal commerce. Elle eft fur le Détroit qui porte fon nom , & auprès duquel eft un fare, ou une tour avec un fanal. Son port eft un des meilleurs d'Italie , & les Turcs même y ont un Conful pour le commerce. Elle a un Château fortifié , & un Arfenal bien fourni. C'eft la patrie du Médecin Polycrete , & d'Antoine de Meffine , Peintre fameux , le premier qui ait enfeigné en Italie , vers l'an 1530, l'art de peindre à l'huile , fecret qu'il avoit appris de Jean de Bruges , célèbre Peintre & Chimifte Flamand , & le premier inventeur de cette manière de peindre.

Taormina , anciennement Taurominium & Naxos , Port , autrefois Evêché au Sud de Meffine. C'eft une ancienne & jolie ville , bâtie fur un rocher.

Milazzo , Port , à l'Oueft de Meffine , fur la côte Septentrionale.

Patta , ou Patti , Evêché plus à l'Oueft.

Randazzo , au Sud de la précédente , affez grande Ville , munie de quelques fortifications.

Le Mont Gibel, qui s'appelloit autrefois le Mont Ethna, se trouve au Sud-Est de Randazzo. C'est un Volcan ou montagne qui jette des flammes, & quelquefois du feu en abondance, & des pierres calcinées. En 1693, cette montagne s'est beaucoup enfoncée dans terre.

Fazello, un des meilleurs Ecrivains de la Sicile, rapporte que le 5 Février 1444, il y eut une si grande éruption de feu souterrain, qu'elle ébranla toute la Sicile, & répandit l'alarme sur la côte d'Italie jusqu'à Naples.

Il ajoute que la mer étoit bouillante, & qu'il sortoit du cratère du Stombolo, dans le *Lipari*, des rochers d'une grosseur énorme ; que le feu & la fumée perçoient en plusieurs endroits, à travers les vagues, & que la navigation, parmi les *Lipari*, fut totalement changée. Il nous apprend, en outre, qu'on vit paroître des rochers où il y avoit autrefois une mer profonde, & que la plûpart des Détroits & des bas fonds furent entiérement comblés. Aristote, dans son Livre sur les Météores, parle d'une très-

ancienne éruption, qui couvrit de cendres;
non-feulement la côte de Sicile, mais encore
beaucoup de villes d'Italie, & M. Brydonne
qui rapporte ces particularités, paroît ne pas
doûter que ce ne foit cette éruption qui
forma l'Ifle de Strombolo, qui n'eft qu'une
montagne, dans les *Lipari*, laquelle s'éleve
tout à-coup & en ligne droite de la mer.
Sa circonférence eft d'environ dix milles de
tour, & elle n'a pas exactement la forme
conique, qui paffe pour être commune à
tous les volcans. On affure que fon cratère
eft abfolument inacceffible.

A rapprocher l'événement rapporté par
Fazello, du 5 Février 1444, avec le défaftre du 5 du même mois 1783, qui offre
une efpace de 339 années dans le repos
des caufes qui ont produit ces horribles
accidens, on feroit tenté de faire, pour
ainfi dire, un procès à la Nature, par rapport
à fes étranges révolutions; mais nous laif-
ferons ce foin à des Obfervateurs plus inftruits ou plus attentifs, & nous nous bor-
nerons fimplement à fuivre l'objet de notre
travail.

La Vallée de *Noto* contient, comme on l'a dit, cinquante villes, dont les principales font, *Catania*, Evêché, fur la côte orientale, ville forte, ancienne & fituée dans un terroir très-fertile, mais fort expofée à des tremblemens de terre. Elle eft habitée par beaucoup de nobleffe. C'eft la partie de Nicolas Tudefchi, plus connu fous le nom de Panorme, célèbre canonifte du XVe fiècle.

Augufta, anciennement *Xiphonia*, port, au Sud. Cette ville a été prefqu'entièrement engloutie par le tremblement de terre de 1663.

Saragoça, autrefois Syracufe, Evêché, port, au Midi. C'étoit anciennement la capitale d'une fameufe république, & la première ville de Sicile. Elle n'eft plus auffi confidérable qu'autrefois; on y compte cependant encore 14,000 ames. C'eft la partie d'Archimède, fi connu par les machines qu'il inventa pour défendre cette ville, lorfque les Romains en firent le fiége, 214 ans avant Jefus-Chrift.

Noto, plus au Midi, à quelque diftance

Noto,

de la mer, donne le nom à la vallée. L'ancienne ville ayant été ruinée en 1693, ses habitans en ont bâti une nouvelle aux environs.

La Vallée de Mazara contient cent deux villes, dont voici les principales.

Palerme, autrefois Panormus [1], Archevêché, port, place forte, & capitale de toute la Sicile, c'est une grande & belle

_____

(1) Nous croyons devoir joindre ici la Description des Villes de Palerme & de Catane, & du mont Gibel, telle qu'elle nous a été transmise par le Géographe *N. de Fer*, dans son Atlas curieux (1725).

Palerme est la Ville Capitale de l'Isle & Royaume de Sicile, le séjour des Vicerois qui y sont nommés par Sa Majesté Catholique à qui ce Royaume appartient. La Ville a titre d'Archevêché, & est un des plus beaux Ports de Mer de la Méditerranée; elle est d'un grand commerce, riche & peuplée; ses rues sont les plus belles qu'il y ait au monde, particulièrement celle de Cassaro qui lui sert de cours; les Eglises, les fontaines & les autres bâtimens publics, sont magnifiques. L'entrée du Port est défendue par un bon Château qu'ils nomment *Castel à mare*. Cette Ville est fort ancienne, & est sujette aux tremblemens de terre. Celui de

C

ville, féjour d'une bonne partie de la nobleffe :
le Viceroi de Sicile y réfide. Les édifices publics, les places, les fontaines & les églifes

---

1693, lui a caufé beaucoup de dommage, les
Galères du Royaume y font leur féjour. La jolie
Ville de Mont-Réal, qui eft auffi fiége d'un Ar-
chevêque, n'en eft qu'à quatre mille.

Catane eft une Ville fort ancienne, avec titre
d'Evêché & d'Univerfité de Droit ; elle eft fituée
fur le bord de la mer, où elle a un Château à vingt
milles du Mont Gibel, qui, par fes fréquens dé-
bordemens de feu, l'a mife fouvent à deux doigts
de fa ruine totale. C'eft la patrie de Sainte Agathe,
& à laquelle ils ont recours, quand ces déluges de
feu arrivent, dont le plus confidérable arriva au
mois de Janvier 1693, mais d'une manière fi extraordinaire, que cette Ville ne fe remettra de
long-tems de la ruine dans laquelle ce dernier tremblement de terre l'a mife.

Un Brigantin vient tous les quinze jours à la
plage de Catane, y charger la neige qu'on prend
au fommet du Mont Gibel, en toutes faifons, pour
l'ufage des habitans de Malthe.

Le Mont Gibel, que les Anciens ont appellé
Ætna, s'eft tellement rendu fameux par fes débor-
demens de feu, que les Hiftoires du Pays font
toutes remplies des étranges effets qu'il a caufés dans
fon voifinage, particuliérement au mois de Mars

y font magnifiques. Ses rues font tirées au cordeau, & remarquables par la longueur. La plus grande eft celle de Caffaro, qui traverfe toute la ville, & la divife en deux parties. Elle commence près du palais du Viceroi, & finit à la Porte de la Mer. Le palais du Viceroi eft grand, & accompagné d'un beau jardin. La place qui eft au-devant de ce palais, eft ornée d'une ftatue du Roi d'Efpagne Philippe IV, fur un piedeftal, où fes trophées font en bas-reliefs, au milieu de quatre figures qui repréfentent les quatre Vertus cardinales : le tout d'un très-beau marbre blanc. Le grand hôtel du Saint-Efprit eft à la droite de cette place, &

1669, qu'il fe fit une nouvelle ouverture à la montagne, par laquelle les flammes & le bitume qui en fortirent, firent un défordre épouvantable.

Au mois de Janvier 1682, les feux recommencèrent, & au mois de Juin fuivant, il en fortit une fi grande quantité d'eau, que la campagne d'alentour en fut inondée.

Le fommet de cette montagne eft toujours couvert de neige, à caufe de fa hauteur prodigieufe. Il en fort de groffes flammes.

l'Eglife Métropolitaine eft à la gauche. On voit dans une belle place de la même rue de Caffaro, devant un grand palais, la figure en bronze de l'Empereur Charles V, fur un piedeftal de marbre, & plus avant le fuperbe college, autrefois occupé par les Jéfuites. La magnifique églife de S. Mathieu eft près du carrefour qui fait la moitié de cette rue, où elle eft croifée par la rue Neuve, la plus belle de Palerme après celle de Caffaro. La plûpart des autres aboutiffent à l'une de ces deux, qui vont d'un bout de la ville à l'autre. Chaque coin de ce carrefour a un palais, une fontaine & une ftatue des Rois d'Efpagne, Charles V, Philippe II, Philippe III & Philippe IV ; mais rien ne mérite plus d'être vu, que la fuperbe fontaine qui eft dans la grande place, où eft le palais de la juftice. Elle eft admirable pour fa grandeur, pour fes ornemens & pour fon architecture. Palerme eft la feule ville de Sicile où l'on bat monnoie. On y fabrique des gants de foie ou fil des pinnes-marines : ces gants font d'une beauté & d'une fineffe parfaite.

La ville de Palerme a ſes magiſtrats particuliers, qui ſont 1º. le Capitaine Juſti-
cier qui adminiſtre la juſtice criminelle ; il
eſt le chef de la nobleſſe, & il ſuit immédiatement le Viceroi dans les cérémonies
ſolemnelles : 2º. le Préteur qui dirige l'économie de la ville, & tient un Conſulteur
pour les affaires de l'Annone & des Con-
ſulats ; il eſt député perpétuel du Royaume,
chef de l'Ordre domainial dans ce Parlement, & jouit des prérogatives de Capi-
taine-Général dans l'abſence du Viceroi.
3º. La Cour Capitanale & Prétorienne con-
ſiſte en trois juges, citoyens de Palerme,
qui ſont élus chaque année par le Roi ; ils
affiſtent le Capitaine dans la déciſion des
affaires criminelles, & le Préteur dans les
délibérations ſur les finances. Ces deux officiers cependant n'ont ni voix ni ſignature,
excepté le Préteur dans les affaires qui regardent la Banque publique & l'Annone.
4º. Le Sénat de Palerme eſt compoſé du
Préteur & de ſix Praticiens que le Roi nomme, qui porte la toge, comme les anciens
Sénateurs Romains, & prennent ſoin prin-

cipalement de ce qui regarde la police des
grains & des vivres. Les Sénateurs font
Grands d'Efpagne de la première claffe : les
Députés de la place exécutent les ordres du
Sénat.

La ville de Palerme, quant à l'économie, eft divifée en quatre quartiers. La Religion de Malthe jouit de la belle préroga-
tive d'être regardée comme le cinquième
quartier de Palerme, en vertu de quoi
elle doit être fournie de vivres & de toutes
les fubfiftances, préalablement à Catane, à
Meffine, & à toutes les autres villes du
Royaume : elle a auffi le droit d'entrée fran-
che de taxe pour tous les vaiffeaux de guerre.
Les Siciliens fe plaignent que la Religion
abufe beaucoup de la franchife des traités,
& qu'elle tire de chez eux, en beftiaux &
en vivres, beaucoup au-delà de la quantité
accordée par ces privilèges. La ville d'Au-
gufte, prefque toute habitée par les Mal-
thois, facilite beaucoup ces fortes de con-
trebandes. Mais que peuvent defirer de mieux
les Colons que la vente de leurs denrées ?

Montréal eft un Archevêché au Sud-eft

de Palerme. Il y a une Abbaye qui possède une partie des Reliques de S. *Louis*, Roi de France, dont le corps y fut apporté d'Afrique en 1270, & de-là les ossemens furent transférés en France.

Trapano, port, place forte, sur la côte occidentale. Ou y pêche beaucoup de corail.

Mazara, Evêché, place forte, sur la même côte. Elle a donné le nom à la vallée.

Agrigento ou *Gergenti*, sur la côte méridionale, Evêché. Cette ville est à trois milles de la mer, sur une colline. Son château & son port sont à cinq milles de-là au couchant, & se nomment *Caricatore* di *Gergenti*. Elle est bâtie près des ruines de l'ancienne Agrigente, nommée encore aujourd'hui *Gergenti Vecchio*. Agrigente étoit du tems des Carthaginois, qui s'en emparèrent vers l'an de Rome 347, (407 avant Jesus-Christ), une ville grande, belle & bien peuplée, célèbre par le Taureau d'airain de son tyran Phalaris.

Les petites Isles appartenantes à la Sicile sont les suivantes; 1°. les Isles de Lipari, au

nord de la Sicile, au nombre de onze [1],
s'appelloient anciennement Isles Vulcaniennes
ou Eoliennes ; la plus grande se nomme Lipari, a six lieues de long, & un Evêque dans
la Ville Capitale : plusieurs d'entre ces Isles
font désertes ; quelques-unes sont remplies
de soufre, dont les veines se voyent même

---

(1) L'Auteur de la Géographie moderne parle
infiniment plus succintement de ces contrées.

Les Isles de Lipari, dit cet Auteur estimé, sont
au Nord de la Sicile ; on les appelloit autrefois,
Æoliæ & Vulcaniæ. C'est là où les Poëtes pla-
çoient le Royaume d'Eole, Dieu des vents, & les
forges de Vulcain, à cause de plusieurs volcans qui
s'y trouvent. On compte sept principales Isles, qui
sont d'ailleurs peu confidérables.

La première & la plus grande, se nomme *Lipari;*
elle a environ six lieues de tour. L'air y est sain :
on y trouve abondamment des fruits, des grains,
du bitume, du soufre & de l'alun : elle a aussi des
eaux chaudes, elle fait un grand commerce de
figues, de raisins & de poissons. Il y avoit autrefois
un volcan qui a cessé de jetter du feu.

Lipari, Capitale de cette Isle, est une ville très-
ancienne & très-forte. Elle a un évêché suffragant
de Messine.

Les autres Isles, sont *Stromboli,* (en latin,
Domus Æolia:) *Panari, les Salines, Volcana,
Félicur & Alicur.*

extérieurement, de bains chauds, d'alun, de raifins de Corinthe, & de coton ; l'une d'entr'elles, nommée Stromboli, eft célèbre par fon volcan qui jette du feu toute l'année. La Malvoifie de Lipari eft très-bonne ; le terroir eft très-fertile, les habitans induf-trieux & bons navigateurs. Avant l'année 1609, ces Ifles étoient cenfées appartenir au Royaume de Naples ; mais depuis cette année, elles font partie du Royaume de Sicile.

2°. La Pantelerie a trente milles de cir-cuit ; elle eft diftante de cinquante mille du Cap-Bou en Afrique, & de trente-fix lieues de Malthe vers l'oueft. Cette Ifle contient trois mille habitans, tous bien aguerris, bons arbalêtriers. L'Ifle produit du bon bétail, des olives, figues, raifins & capres. Le Prince de la Pantelerie, de la maifon de Reque-zeno, la pofsède comme un fief de la Sicile.

3°. La Favoguana, à l'oueft de la Sicile, à peu-près à 12 milles de la rivière de Mar-tala, a 6 lieues de circuit ; c'eft un pays fer-tile, où il y a des dains, des lapins, des belles prairies, un Château, nommé Sainte-Catherine. L'Ifle appartient aux Pallavicini de Gênes.

C v

4°. Le Maretino, à 30 milles à l'ouest de Trapano, est un rocher tout nud, qui a 15 milles de tour, & abonde en miel & en thim : on y voit un Château au bord de la mer, où l'on confine les prisonniers d'Etat. Catulus remporta une victoire navale sur les Carthaginois, près de ce rocher.

5°. L'Ustica, au nord de Palerme, à 30 milles du Cap di Gallo, & à l'Ouest des Isles de Lipari, a 12 milles de largeur, & deux petits forts qu'on y a construits, depuis qu'on y a transporté des habitans. La première peuplade, qui y fut conduite il y a quelques années, fut enlevée par les Barbaresques. L'Isle n'existoit point avant la guerre Punique ; & il y a de grandes vraisemblances qu'elle a été créée par un volcan.

6°. La Lampédouze, environ à 30 lieues au sud quart sud-est de la Pantelerie, & à 40 lieues à l'Ouest sud-Ouest de Malthe, a 4 lieues de long, & n'est point habitée ; elle appartient à la famille de Tomasi, qui s'appellent de-là Princes de la Lampédouze. La Cour de Naples a dessein d'y envoyer des habitans : la flotte de Charles-Quint y fit naufrage l'an 1552.

Comme les nouvelles publiques relatives au fatal évènement arrivé le 5 Février 1783 en Sicile, augmentent infiniment les pertes de la Calabre ultérieure, & diminuent en proportion les défastres de la Sicile & des Isles de Lipari, nous croyons faire plaisir aux Lecteurs de joindre ici la notice historique de la Calabre.

Cette Province est à l'extrêmité méridionale du Royaume de Naples. Elle abonde en bétail, bled, figues & raisins ; on en tire beaucoup d'huile, de soie & la meilleure manne, du talc, du marbre, des chevaux & des mulets vigoureux. On la divise en Citérieure & Ultérieure, à cause d'une chaîne de montagnes qui la sépare en deux. Elle contient :

1°. La BASILICATE.

Elle s'appelloit autrefois Lucanie, & est située près du golfe de Tarente.

Cirenza ou *Agerenza*, ci-devant Archevêché, au nord ouest, sur le Brandano. Cette Ville est presque ruinée, & son diocèse a été uni à celui de Matéra.

Vénosa, Evêché, au nord de Cirenza, avec titre de Principauté. Cette Ville a donné naissance au célèbre Poëte Horace.

C vj

Potenza, Evêché, au sud-ouest de Cireuza, Duché.

Tursi, Evêché, vers le Golfe de Tarente, Duché.

2°. La CALABRE CITÉRIEURE, qui faisoit anciennement partie du *Brutium*, qui comprenoit aussi la Calabre ultérieure.

Cozenza, Archevêché, au midi, près l'Apennin. Cette Ville est considérable, & a un Château. C'est la patrie de Bernardin Tiléfio, habile Philosophe du XVIème. siècle, l'un des premiers qui secouèrent le joug de la Philosophie d'Aristote.

Rossano, autrefois *Russianum*, Archevêché, au nord-est, près le Golfe de Tarente. Son terroir est fertile en huile, en safran & en poivre.

Altesinonté, au nord-ouest, petite Ville qui a dans ses environs des mines d'or, d'argent & de fer.

Longobuco, dans le milieu : c'est un Marquisat. Son territoire a des mines d'argent & de mercure.

Cérenza, Evêché, au sud de Longobuco.

Strongoli, Evêché, près de la mer, avec titre de Principauté.

3°. La CALABRE ULTÉRIEURE, qui renferme principalement les Villes fuivantes :

Reggio, Archevêché à l'extrêmité de l'Italie, près de la Sicile. C'eft une ancienne Ville aſſez conſidérable. On y fait des camiſoles, des bas, des gants, &c. avec le fil, la ſoie ou laine des Pinnes-Marines. Ces hardes ſont d'une légéreté admirable, & impénétrable au froid le plus violent. Le poiſſon qui produit cette laine, eſt une eſpèce de moule longue de ſix à huit pouces. Ses écailles ſont couvertes d'un poil extrêmement fin, de différentes longueurs. On le met tremper quelques jours dans l'eau, on le nettoie, puis on le bat & on le carde. Il devient par-là auſſi doux que la ſoie, & propre à être filé. La couleur de ce poil eſt brune & naturellement luſtrée. Reggio eſt la patrie des Papes Agathon, Léon II, & Etienne III.

Miléto, Evêché, au Nord de Reggio.

Giéraʒi, Evêché, au Sud-Eſt de Miléto.

Squillace, Evêché, au nord-eſt, ſur le Golfe de ce même nom, Principauté qui appartient aux Princes de Monaco ; c'eſt la patrie du ſavant Cardinal Sirlet, Bibliothécaire du Vatican, mort en 1585.

Catavaro, Evêché, près du Golfe de Squillace. Le Gouverneur de la Province y réside.

San-Sévérina, au nord-est de Catazaro, Archevêché, petite Ville située sur un rocher escarpé, près la rivière de Néto.

Cotrone, autrefois *Crotona*, au sud-est de San-Sévérina, Evêché. Cette Ville très-ancienne, est remarquable par la force extraordinaire de ses anciens habitans, sur-tout du fameux Athlète Milon de Crotone.

Par cette description d'une partie du Royaume de Naples, il est aisé de voir qu'il n'y a point de Pays plus remplis d'Evêchés que ce Royaume. Ils sont la plupart de peu d'étendue, & d'un revenu très-médiocre. Le Pape en a la nomination, excepté de vingt-quatre, qui relèvent immédiatement du Roi des Deux-Siciles, auxquels il nomme, suivant le traité fait en 1529, entre Clément VII & Charles-Quint. De ce nombre sont les huit Archevêchés suivans: *Lauciano*, *Trani*, *Cireuza*, *Salerre*, *Tarente*, *Brindes*, *Otrante* & *Reggio*.

PRÉCIS HISTORIQUE

SUR les principaux Tremblemens de terre
de la Sicile, par M. l'Abbé DE S. L***.
Extrait du Journal de Paris, du 7 Avril
1783.

LE défaftre récent d'une partie de la Sicile
& de la Calabre, eft le fujet de toutes les
converfations, & éveille la curiofité fur les
évènemens antérieurs de cette efpèce. L'un
dit que pareil malheur eft déjà arrivé, dans
ce pays, en telles ou telles années; l'autre
affigne des époques différentes. Si nous
avions une hiftoire des Tremblemens de
terre, la curiofité pourroit aifément fe fa-
tisfaire; cette hiftoire nous manque. On nous
a donné des relations des principales éruptions du Véfuve & de l'Etna ou Gibel; mais
on a négligé l'hiftorique des tremblemens de
terre.

Pline l'Ancien confacre le chap. 79 du
liv. 2ᵉ. de fon Hiftoire Naturelle, à l'expli-

cation des caufes & des effets de ces phénomènes (1) : à cette occafion fon Traduc-
teur françois donne (tom. 1. pag. 249 &
fuivantes) une Notice des Tremblemens de
terre, depuis le premier fiècle de notre Ere,
jufqu'à celui de Lisbonne en Novembre
1755. Mais cette Notice eft très-imparfaite;
on n'y indique pas plufieurs Tremblemens
mémorables ; on n'y a point configné les
principaux de la Sicile & de la Calabre , &
on y oublie celui qui , en 1456 , ravagea le
Royaume de Naples , & dont on peut voir
le détail circonftancié dans la vie de Charles VII , par Jean Chartier , qui écrit d'a-
près une relation envoyée par Hercule de

---

(1) Ceux qui voudroient connoître les fen-
timens des Phyficiens fur les caufes & les effets
des tremblemens de terre , peuvent , après le
Chapitre cité de Pline , lire le Dictionnaire de
Phyfique du Pere Paulian , Jefuite , édit. de 1761 ,
in-4°. 3 vol. , & l'Encyclopédie au mot *Tremblement de terre*. Dans quelques éditions de l'Encyclopédie poftérieures à celle de Paris , on a ajouté
deux morceaux importans , l'un de M. *Montignot*,
fur le Tremblement de Lisbonne , en 1755, l'autre
de M. *Bertholon* , Lazarifte , fur les moyens de
préferver de ce fléau les Pays qui y font les plus fujets.

Ferrare, témoin de cet évènement affreux, où cent mille personnes perdirent la vie. Un Auteur du dernier siècle nommé Louis *du Thoum* (1), publia en 1616 à Bordeaux, un in-8°. sous ce titre : *le Tremble - terre où sont contenus ses causes, signes & effets ;* ce Livre suppose des recherches ; mais elles sont mal digérées, & l'on n'y trouve ni critique, ni jugement : d'ailleurs l'objet de l'Auteur est plutôt d'expliquer les causes de ces phénomènes, que d'en rapporter les circonstances.

Pour connoître les divers Tremblemens de terre, qui ont, à différentes époques, ravagé la Sicile, il est donc nécéssaire d'avoir recours aux Historiens de cette Isle : encore plusieurs ont-ils négligé d'en faire mention, & des deux Historiens particuliers de Messine que j'ai consultés (2), aucun n'a jugé à

---

(1) Cet Ecrivain peu connu, se nommoit *Thaoum* ; c'est ainsi qu'il écrit son nom à la fin de l'Epître dédicatoire, & à la page 198 de son Livre, où il nous apprend qu'il étoit né d'Honoré *Thaoum*, au Bourg de la Boulenne, près de Lantousque, au Comté de Nice en Provence. Le frontispice de son Livre porte Louis *du Thoum*.

(2) Description de Messine par Joseph Bonfilio,

propos de parler des Tremblemens de terre
que cette Ville a effuyés. Voici les principaux
de la Sicile & de la Calabre, que j'ai pu découvrir, autant que le peu de loifir & de tems
me l'a permis.

S'il falloit s'en rapporter à du Thoum,
(pag. 33, 34, 77, & 80), le Tremblement de terre qui accompagna la fameufe
éruption du Véfuve, où périt Pline l'ancien,
l'an 79 de notre Ere, fe feroit étendu fur la
Sicile. En rapportant les deux intéreffantes
lettres (la 16ᵉ. & la 20ᵉ. du 6ᵉ. Livre) où
Pline le jeune raconte le détail de cet évènement, du Thoum fait dire à cet Auteur, que
lui, fon oncle & fa mère étoient à *Meffine*,
lorfqu'un nuage noir & épais annonça l'é-
ruption. C'eft une bévue groffière que M. de

Imprimeur à Venife en 1606, *in-4°.*, & Notice Hiftorique de la même Ville par Placide Reyna, Impr.
en 1658 & 1668, *in-fol.* 2 vol. Ces deux Hiftoires
écrites en Italien & traduites en Latin par J. L. Mo-
sheim, fe trouvent dans le tom. IX, part. 9. du
Thefaurus Antiquit. & Hiftor. Siciliæ, &c. de
Graevius & de Burman, *in-fol.* Reyna fe contente
de dire que les éruptions de l'Ætna & les tremblemens
de terre ont, felon quelques Auteurs, féparé la Sicile
du Continent ; opinion qu'il contefte.

Sacy n'a eu garde de commettre dans son excellente Traduction françoise. Pline le jeune, parle en cet endroit de *Misène*, ou *Micène*, sur la côte & à quelques lieues au sud-ouest de Naples, & non point de *Messine* en Sicile, où j'ignore si ce fleau se sit sentir en cette circonstance. Mais laissons les tems anciens, & rapprochons - nous du nôtre.

Un des plus effroyables Tremblemens qui aye secoué la Sicile, est celui du mois de Février 1169. Les Historiens en parlent comme d'un désastre affreux. Dans la seule ville de Catane, il périt quinze ou seize, ou même vingt mille habitans. L'Evêque & quarante Moines, avec un peuple immense, furent écrasés dans l'Eglise par la chûte du toît. Voyez Pierre Carrera, liv. 2, chap. 2 de ses Mémoires Historiques sur Catane, publiés en Italien en 1639, *in-fol.*, ou le Tome 1er., pag. 490 de l'Histoire de Sicile, par M. de Burigny, le Nestor actuel de notre Littérature.

Cette Isle infortunée a essuyé de pareils fléaux en 1265, en 1444, en 1536, en 1537, en 1542, en 1553, en 1563, &c. Celui de

1542 eft raconté fort en détail par le Jacobin Thomas Fazello, liv. 10 de la 2.ᵈᵉ. Décade de fon Hiftoire de Sicile. Il fut extrêmement violent, fur-tout à Syracufe : L'Hiftorien remarque que les eaux des puits & des fontaines de la Ville furent falées pendant quelques jours ; & que peu après l'accident, on trouva parmi les morts, fous les décombres, un homme fur la tête de qui les poutrés, dans leur chûte, avoient formé une efpèce de toît, fous lequel il eut la vie fauve (1). Paffons au fiècle fuivant.

En 1638 la Calabre fut affligée de plufieurs Tremblemens. Le P. Kircher, Jéfuite, témoins oculaire, rapporte (*Mundus fubterraneus*, liv. 4, fect. 2, cap. 10, pag. 221,

_____

(1) Dans ces fortes de défaftres, quelques perfonnes fe fauvent par des circonftances heureufes. Du Thoum raconte (pag. 197 & 198) qu'au Tremblement, qui, en 1569, renverfa fon pays, « Jeanne » Fulconis, fa mère, fut fauvée fous la voute d'un » dégré ou efcalier, avec un enfançon qu'elle tenoit » en fes bras, quoique toute la maifon eût fondu » fur elle, & eût accablé & tué tous fes Domeftiques ». Au Tremblement de la Sicile en 1693, on trouva, fous la voute d'une maifon de Meffine, un oifeau dans fa cage, qui n'avoit point été bleffé.

édit. de 1664 *in-fol.*) que ces phénomènes étoient toujours précédés & comme annoncés par des bruits fouterrains femblables à celui de l'explofion de plufieurs canons, qui portoient la terreur dans l'ame ; & que les fecouffes furent fi violentes, que perfonne ne pouvoit fe tenir fur fes pieds, la terre en fureur renverfant tout ce qu'elle portoit. Kircher ajoute que lui & fes compagnons ayant tourné leurs regards fur la ville de Sainte-Euphémie, dont ils n'étoient éloignés que de trois milles, ils la virent couverte d'un nuage épais, à la fuite duquel il n'y eut qu'un lac à la place de la ville engloutie.

Ce défaftre de 1638 n'eft rien en comparaifon de celui qui, en 1693, ravagea toute l'étendue de la Sicile. Nous en avons une relation écrite en Italien, l'année même de l'évènement, par le P. Alexandre Burgos, Cordelier conventuel, & depuis Evêque de Catane, où il mourut en 1726 (1). Cette rela-

---

(1) Cette relation, impr. à Palerme & à Naples en 1693, *in-4°.*, & réimprimée dans le *Mufeo* de Silvio Boccone, en 1697, a reparu, traduite en Latin par Sigebe & Havercamp, dans le tom. X. part. 9 du Thréfor de Graevius & de Burman, Leyde 1723, *in-folio.*

tion fait friſſonner. La première ſecouſſe
arriva le Vendredi 9 Janvier, à 4 heures; la
ſeconde, du Dimanche ſuivant, fut effroyable & commune à toute la Sicile. Palerme,
Meſſine, Paterno, Catane, Lantini, Agoſta,
Syracuſe, & une multitude de Bourgs & de
Villages, furent renverſés. A Meſſine, la
ſecouſſe fut très-violente, & renverſa le
Théâtre public : le Palais Royal, celui de
l'Evêque & le Seminaire, ne laiſsèrent plus à
leur place qu'un monceau de pierres. La
chûte des Egliſes, des Couvens & des principales maiſons, avoit couvert de débris la
ville entière, qui reſſembloit, dit l'Hiſto-
rien, à une forêt dont tous les arbres, dépouillés de leur verdure, ſont tombés ſous la
coignée du Bucheron. Néanmoins il périt
peu de perſonnes à Meſſine. En revanche,
Catane en perdit 23000, Caltagirone
1000, &c. Le ſort de la ville d'Agoſta fut
encore plus déplorable. Le feu intéreur de la
terre embrâſa un magaſin à poudre, & l'ex-
plôſion fit ſauter tous les bâtimens dont les
pierres, retombant du ciel, écraſèrent les
malheureux habitans, qui, échappés des

ruines, cherchoient leur falut dans la fuite :
il en périt trois mille.

Depuis ce défaftre de 1693, je n'en trouve
pas, en Sicile, jufqu'à celui du 1er Octobre
1726, il ne s'étendit pas fur toute l'Ifle, &
tomba particulièrement fur la ville de Palerme. « On entendit d'abord, dit le P. Pau-
» lian, un bruit épouvantable qui dura près
» d'un quart d'heure, dans un tems où il
» n'y avoit ni vent, ni nuages. On vit enfuite
» deux colonnes de feu fortir de la terre &
» aller s'enfoncer dans la mer ». Le Tremblement dura cinq ou fix minutes, & renverfa la 4e partie des maifons de la ville. Il
périt, en cette circonftance, plus de 1500
perfonnes ; on en tira un nombre confidérable de deffous les ruines, fous lefquelles elles
étoient comme enfevelies ; celles-là en furent
quittes pour la peur.

A la lecture du détail précédent, les Pari-
fiens ne manqueront pas de répéter ce qu'ils
difent tous les jours : *Quels abominables
pays ! Pourquoi ne les abandonne-t-on pas?
Comment a-t-on le courage de rebâtir fur un
fol qui dévore ainfi les habitans ?* Ceux qui
tiennent des difcours pareils, ne font pas

attention qu'aucun pays n'eſt à l'abri de ces cruelles bouraſques. S'il eſt vrai que les régions du Midi y ſoient plus expoſées que d'autres, il ne l'eſt pas moins que preſque toutes les parties du globe ont ſucceſſivement eſſuyé des tremblemens de terre ; la France, dont la température eſt ſi douce, a elle-même éprouvé, plus d'une fois, ce fleau cruel, comme il eſt aiſé de le voir en parcourant les hiſtoires particulières de nos Provinces. Le P. Kircher, dans l'Ouvrage cité plus haut ; (Liv. 6, ſect. 2, chap. 6, pag. 257) parle du Tremblement de terre qui, en Juin 1660, ravagea toute l'étendue de la côte de Bordeaux à Narbonne ; & il remarque que l'une des ſecouſſes fit diſparoître une montagne du Bigorre, & couvrit ſa place d'un lac ; à quoi Kircher ajoute, qu'après la diſparition de cette montagne, des eaux thermales, auparavant très-chaudes, devinrent ſi froides, que perſonne ne pouvoit plus s'ÿ baigner.

LETTRE

De M. DE FAY, Chevalier de Malthe, adressée de Messine à M. FAUJAS DE ST. FOND, le 12 Mars 1783, extraite du Journal de Paris, du Lundi 5 Mai de la même année.

VOUS êtes, sans doute, déjà informé, Monsieur, par les papiers publics, de l'affreux tremblement de terre qui vient de désoler la Calabre & la partie de la Sicile qui avoisine le Phare. S. A. E. [1] instruite de l'état déplorable de la ville de Messine, y envoya les Galères de la Religion pour y porter des secours. Vous concevez mieux que personne mon empressement à profiter de cette occasion d'observer sur les lieux le terrible effet des volcans; vous avez répandu tant de lumières sur cette belle partie d'Histoire Naturelle, que je crois servir le Public, & vous-même, Monsieur, en vous mettant à portée de tirer de nouvelles conséquences du peu d'observations que j'ai

---

[1] Le Grand Maître de l'Ordre de Malthe.

D

pu faire ici. Vous fentez que cela ne peut être
que très-borné dans un pays où perfonne ne
s'occupe d'Hiftoire Naturelle, où le danger
fut fi preffant, que chacun ne fongea qu'à fa
propre confervation. Je fuis donc abfolument
privé des fecours qu'auroient pu me donner
des gens plus inftruits, & dont mon peu de
lumières me fait fi fortement fentir le befoin.

La première fecouffe fe fit fentir le 5 Février à midi; elle fut précedée & accompagnée
d'un bruit fouterrein pareil à celui d'une
décharge d'artillerie éloignée. Le ciel étoit
ferein; mais au moment même de la fecouffe,
il y eut une pluie abondante & un vent im-
pétueux: cette première fecouffe dura fix à
fept minutes, c'eft-à-dire que pendant cet efpace, il y eut trois fecouffes très-violentes, &
la terre fut plus ou moins agitée dans les inter-
valles. La terre n'eut d'abord qu'un mouvement de balancement très-fort, bientôt elle
s'agita en tout fens, & il y avoit une commotion & un choc fi violent, que la moitié de
Meffine fut culbutée en moins de 3 minutes.

Il y avoit une odeur fulfureufe qui étoit fuf-
foquante. Plufieurs perfonnes m'ont affuré

que la terre , dans certains momens, s'agitoit comme un vaiſſeau battu par les vagues , & ſembloit ne repoſer que ſur un fluide. J'ai reſ-ſenti des ſecouſſes , depuis mon arrivée ici, qui produiſoient exactement le même effet ; d'autres , & c'eſt le plus grand nombre , diſent que la terre avoit un mouvement de rotation , comme lorſqu'on s'eſt étourdi en tournant long-tems & avec force du même côté.

La terre fut preſque continuellement en mouvement juſqu'à une heure du matin ; il y avoit des ſecouſſes très - fréquentes , mais foibles. A une heure, il y en eut une moins vio-lente que la première , & qui acheva de ren-verſer les maiſons qui n'avoient été qu'ébran-lées : il n'y en a qu'un très-petit nombre qui ayent réſiſté à ces différentes ſecouſſes ; toute la façade de bâtimens qui étoit ſur le Port, eſt entiérement détruite ; quelques parties exté-rieures , quoique fort endommagées , ſont encore ſur pied , mais tous les dedans ſont écroulés ; la terre s'eſt gercée ſur le quai , & parallèlement à la longueur. Cela vient de ce que la bâtiſſe de ce quai s'eſt enfoncée.

L'endroit où eſt la Poiſſonnerie , eſt celui

qui s'est le plus abaissé. Il est, dit-on, sorti des
flammes à cet endroit. Je n'y ai rien trouvé
qui pût faire soupçonner qu'il y eût existé du
feu ; ni la nature, ni l'état, ni la couleur des
matières qui composent les parois de ces ouvertures, rien n'a dû me le faire penser ; mais
l'eau de la mer ayant depuis baigné ces crevasses, a pu enlever les matières qui avoient
subi l'action du feu, & rendre celles qui n'auroient été que noircies, de la même couleur
que le reste du sol. D'ailleurs, ce phénomène
m'a été attesté par tant de personnes, qu'il
n'est guères permis d'en douter.

On me fait remarquer que les eaux de la
mer sont plus élevées qu'elles ne l'étoient
avant le tremblement de terre. On part du
point où elles montoient sur le Quai, & le comparant à celui où elles sont parvenues, on en
conclut qu'elles se sont élevées, c'est une
erreur ; le niveau de la mer n'a point changé,
c'est le quai qui s'est enfoncé, & il s'est abaissé
davantage vers la Poissonnerie, parce qu'il y
a plus de terres rapportées dans cet endroit.

J'observe que les effets du tremblement de
terre ont été plus considérables en Calabre,

qu'ils y ont occupé un plus grand espace de terrein qu'en Sicile, & que les secousses qu'on a éprouvées, & qu'on éprouve encore à Messine, viennent toutes de la mer.

La ville de Reggio, située sur la rive du Phare, opposée à Messine, a été bouleversée; la terre s'y est ouverte, & cette ouverture a suivi, dit-on, une direction perpendiculaire au rivage : il est sorti, en bouillonnant, une eau blanchâtre.

Les habitans de Scilla, sur le même côté, effrayés par la secousse du 5, se réfugièrent imprudemment au bord de la mer; celle-ci s'étant élevée, les engloutit au nombre de 2600, & la ville ne souffrit presque point de la secousse : quatre Felouques Napolitaines qui étoient amarées à terre, périrent.

La ville de *Palma*, située en Calabre, à dix lieues de la côte, a été détruite ; une montagne entière de cette province s'est écroulée.

Une rivière qui couloit entre deux montagnes, a été comblée par l'éboulement des terres, & les eaux ne trouvant plus d'issue, forment maintenant un lac.

Les endroits de la Calabre qui ont le plus

D iij

souffert, font *Baguara*, *Seminara*, *Palmi*, *Geraci Casalnuovo*, *Seiſſa*, *Cotroni*, *Reggio di Calabria*, *Tropea*, *Monteleone*, *Capo*, *Cariati*, *Sanbantalcone*, *St. Lorenzo*, *Badolatti*, *Sᶜᵃ. Euphemia*, *Sinopoli*, *Nicaſtro*, *Pizzo*. La ſecouſſe s'eſt fait ſentir dans le reſte de l'Italie, plus ou moins fort.

Quoique le plus grand ébranlement ait été en Calabre, cela ne me paroît pas ſuffiſant pour conclure, comme le font certaines gens, que ce déſaſtre eſt dû au *Stromboli*, plutôt qu'à l'*Etna*, parce qu'il ſeroit poſſible que ce dernier ait avec la Calabre des communications ſouterraines, & que l'effort ſe fût fait de ce côté. Quelques perſonnes de Reggio, m'ont aſſuré que chaque ſecouſſe un peu forte étoit toujours précédée par une exploſion du Stromboli, dont le bruit reſſembloit à un coup de canon tiré dans l'éloignement ; mais cette aſſertion eſt rejettée par d'autres : d'ailleurs, il eſt poſſible qu'on ait attribué au Stromboli, des bruits qui partoient des entrailles de la terre. Il faudroit, pour s'aſſurer de ce fait, interroger des habitans aſſez voiſins du Stromboli, pour avoir pu ſuivre exactement les effets de ce volcan, & c'eſt ce que je n'ai point encore été à même de faire; ce que je puis vous aſſurer, c'eſt qu'ayant éprouvé moi-même une ſecouſſe très-forte à Reggio, le premier Mars, à trois heures moins un quart du matin, le bruit ſourd dont elle fut accompagnée venoit bien ſûrement du ſein de la terre. Son effet ſur la Galère, fut le même que ſi la quille eut touché, à pluſieurs repriſes, ſur un rocher.

L'Automne dernier a été très-pluvieux dans ce pays, l'hyver fort doux : l'Etna n'a point jetté des flammes, il n'en ſort qu'une fumée épaiſſe ; on dit qu'il y a eu une éruption, il y a quelques jours. La ſecouſſe du 5 Février s'eſt fait ſentir dans toute la Sicile, mais avec moins de violence, à meſure qu'on s'éloignoit davantage du Phare. Depuis cette époque, il y a eu tous les jours des ſecouſſes plus ou moins fortes. Le ciel eſt nébuleux, les montagnes de Sicile, & la côte de Calabre, ſont couvertes d'une brume qui reſſemble à de la fumée ; il règne des vents d'une violence extrême : ces vents ſoufflent par raffades, avec une impétuoſité effrayante. La direction ne varie guères que du N. au N. E. : ils ſont

souvent accompagnées d'une pluie très-abon-
dante. Ces vents paroiſſent ne point ſortir du
Phare.

Tous les habitans de Meſſine ſont campés
ſous des baraques de bois ; le Roi de Naples
a envoyé des tentes pour ſes troupes : nous
ſommes occupés à rendre des ſecours aux
malheureux qui ont été bleſſés par la chûte des
maiſons. Ces ſoins, ſi conformes à l'inſtitut
de notre Ordre, font honneur à l'humanité
de ſon reſpectable chef.

Je reçois, dans l'inſtant, une relation du
tremblement de terre, par M. *de Gallo*,
témoin oculaire, & qui me paroît faite pour
vous intéreſſer, comme venant de la ſeule perſonne de cette ville, qui s'occupe d'Hiſtoire
Naturelle. Je vous envoie ſa relation ; je ſuis
trop preſſé pour avoir le tems de la traduire.

Après une commotion auſſi violente, la
terre ſera ſans doute long - tems dans une
aſſiette plus tranquille.

J'ai l'honneur d'être, &c.

Signé *le Chevalier* DE FAY.

Voyez, pag. 121, une ſeconde Lettre de Meſſine,
datée du 28 Mars.

NOTICE

HISTORIQUE

DES

TREMBLEMENS DE TERRE,

Qui ont ravagé le Globe, jusqu'à l'époque
de celui de Meſſine, du 5 Février 1783.

O N doit, ſans contredit, des éloges à la
Notice ſuivante des différens tremblemens de
terre qui ont juſqu'à préſent exercé leurs
ravages deſtructeurs. Cet article curieux
mérite aſſûrément de trouver ſa place ici. N'en
donner qu'un ſimple extrait, c'eut été en
affoiblir tous les détails.

Les révolutions les plus funeſtes qu'ait
éprouvé le Globe, ſont dus au redoutable
phénomène des tremblemens de terre. C'eſt
par eux qu'une infinité d'endroits qui faiſoient
anciennement l'objet de notre admiration, ne

D v

préfente plus aujourd'hui qu'un amas ef-
frayant de ruines & de débris. La mer foulevée
du fond de fon lit, des villes renverfées &
détruites, des montagnes fendues, tranf-
portées, écroulées, des provinces entières
englouties, des contrées immenfes arrachées
du continent, de vaftes pays abîmés fous les
eaux, d'autres découverts & mis à fec, des
Ifles forties tout d'un coup du fond des mers,
des rivières qui changent de cours, &c. ;
voilà un abrégé des ravages occafionnés par
les tremblemens de terre. Laiffons aux Phyficiens à rechercher la caufe de tous ces défaftres, qu'ils trouveront fans doute dans
l'élément du feu qui dévore progreffivement
les entrailles de notre Globe, & contentons-
nous de parcourir en abrégé & fommairement
les effets de ce terrible phénomène.

De tous tems, l'homme a pu obferver de
femblables défaftres, & fi la mémoire des
premières obfervations qu'il aura faites, s'eft
perdue dans l'obfcurité des tems reculés, il
en refte encore des veftiges qui nous prouvent
l'antiquité de ce fléau redoutable. Nous lifons
dans l'Hiftoire, que fous l'Empire de Tibere,

treize villes considérables de l'Asie furent totalement renversées, & qu'un peuple innombrable fut enseveli sous leurs ruines. La fameuse ville d'Antioche éprouva le même sort, l'an 115. Le Consul Pedon y périt, & l'Empereur Trajan, qui s'y trouvoit alors, eut beaucoup de peine à ne point être enseveli sous ses ruines. L'an 742, il y eut un tremblement de terre universel en Egypte & dans tout l'Orient. Près de six cens villes furent renversées, dans une même nuit, & il périt une quantité prodigieuse d'hommes & d'animaux.

Le tremblement de terre que la Syrie éprouva en 750, causa également le plus grand effroi & le plus terrible désastre. La terre s'ouvrit de toutes parts; plusieurs villes furent abîmées, d'autres renversées, & quelques-unes élevées sur des hauteurs, furent transportées dans des plaines éloignées de six milles de leur première situation, comme le remarque Nicephore, Patriarche de Constantinople, dans son Abrégé de l'Histoire Bizantine.

Mais pourquoi aller fouiller dans les

D vj

cendres de l'antiquité, pour trouver des malheurs de cette efpèce ? N'ont-ils pas été aſſez fréquens de nos jours, & aſſez terribles pour nous donner une idée ſuffiſante de ce redoutable phénomène ? Il ne faut cependant pas paſſer ſous ſilence celui qu'on obſerva en 1584, dans la ville d'Aigle, au Canton de Berne, par rapport à l'effet qui en réſulta. Qu'au moment d'un tremblement violent, les édifices s'écroulent & ſe trouvent engloutis en terre, rien ne paroît plus naturel; mais que ce tremblement ſoit accompagné d'une efpèce de pluie de terre, ſi on peut s'exprimer ainſi, qui aille couvrir une efpèce de terrein aſſez conſidérable, ce fait eſt plus ſurprenant, on en trouvera cependant facilement la cauſe dans l'expoſition du fait que nous allons rapporter.

L'année 1584, à une demi - lieue de la ville d'Aigle, après de grands tremblemens de terre de 10 à 12 minutes, & qui redoublèrent pendant trois jours conſécutifs, on vit, un matin, entre neuf à dix heures, s'élancer d'un entre-deux de rocher, une prodigieuſe quantité de terre pouſſée par des

exhalaifons renfermées, & qui faifoient effort
pour fe porter au dehors. Cette terre tomba
comme une ravine d'eau, & combla en peu
d'inftans les vallons & la campagne voifine.
Un hameau en fut d'abord abîmé, à une
maifon près, & la terre augmentant à mefure
qu'elle rouloit comme une pelote de neige,
enfevelit, dans un village au - deffous du
hameau dont nous venons de parler, foixante-
neuf maifons, cent fix granges pleines de
denrées, plus de cent perfonnes & quantité
de bétail. Cette pluie de terre, accompagnée
d'une grêle de pierres, & d'une nuée mêlée
d'étincelles & de fumée qui répandoit par-
tout une odeur de foufre, occupa environ
une lieue d'étendue & la largeur de douze
arpens. Le tremblement fut fi violent, qu'un
lac peu éloigné de cet endroit, fut avancé
à plus de vingt pas au-delà de fon lit, & on
vit, vers la tête de ce lac, des tonneaux
pleins de vin, dreffés fur leurs fonds. On
reconnoît aifément ici l'effet d'un volcan,
& ce fut, fans doute, à l'effort que fit celui-ci,
pour fe mettre au large, qu'on doit attribuer
les tremblemens de terre qu'on éprouva pendant quelques jours.

Prefque tous les tremblemens de terre font accompagnés, au moins à leur origine, de feux qui s'élancent des entrailles du Globe; on en trouve la preuve dans celui qu'on éprouva, le 13 Mai 1682, à Remiremont, fur la Mofelle, à quatre lieues de Plombières.

Il fut fi violent, dit-on dans la relation qui en fut envoyée à l'Académie des Sciences de Paris, que les maifons avoient été renverfées, & que les habitans avoient été contraints de fe retirer dans la campagne, où ils avoient demeuré pendant fix femaines. Ce tremblement de terre continua quelque tems, & ce qu'il y a de particulier, c'eft que les fecouffes ne fe faifoient fentir que pendant la nuit, & nullement le jour; elles étoient accompagnées d'un bruit à-peu-près femblable à celui du tonnerre. Il étoit fi grand, que lorfque la voûte de la grande Églife appartenante à des Chanoines, tomba, on n'entendit point ce fracas. On voyoit des flammes fortir de la terre, fans qu'il parût aucun trou ni aucune iffue, excepté dans un feul endroit où l'on apperçut une ouverture en forme de fente, dont on voulut inutilement mesurer la profondeur ; elle se boucha quelque tems après. Les flammes qui sortoient de la terre, plus fréquentes dans les lieux plantés, comme les bois, ne brûloient point ce qu'elles touchoient. Elles portoient avec elles une odeur fort désagréable, mais qui n'avoit rien de sulfureux ; ce tremblement se fit sentir avec la même force à cinq ou six lieues aux environs de Remiremont, & particuliérement dans les fonds & les entre-deux des montagnes, proche la ville. La relation ajoutoit que l'eau d'une fontaine peu éloignée de cette ville, en avoit été troublée & rendue presque semblable à de l'eau de savon, non-seulement par sa couleur, mais par une qualité abstersive qui lui étoit restée. Bien plus, il se formoit à sa superficie, une écume qui se coaguloit, & une matière semblable à du savon qui se dissolvoit dans l'eau.

La fontaine de Plombières jettoit dans ce tems beaucoup plus de fumée qu'à l'ordinaire.

Six ans après cette époque, en 1688, on éprouva à Smyrne, un tremblement de terre également terrible, dont M. Galand donna la relation à l'Académie. On en avoit déjà éprouvé un, au mois de Décembre 1687, mais il n'avoit point été accompagné d'accidens affez remarquables pour troubler la tranquillité publique.

Ce fut au 10 Juillet 1688, vers les onze heures trois quarts, qu'arriva le phénomène dont nous voulons parler. Il commença par un mouvement d'Occident en Orient. Le Château fut d'abord renverfé, fes quatre murs s'étant entr'ouverts & enfoncés de fix pieds dans la mer. Ce Château, qui étoit un ifthme, devint une véritable ifle, éloignée de la terre d'environ cent pas dans l'endroit où la langue de terre fut engloutie. Les murs qui etoient dans la direction du Couchant au Levant, tombèrent, & il ne refta que ceux qui étoient fitués du Nord au Midi.

La ville, qui eft à dix milles de ce Château, fut renverfée, & on vit, en plufieurs endroits, des ouvertures faites à la terre. On entendoit différens bruits fouterreins. Il y eut de cette manière cinq à fix fecouffes jufqu'à la nuit. La première, qui fit beaucoup de fracas, dura près d'une demi-minute.

Le feu prit à la plus grande partie des maiſons de la ville, excepté au quartier des Turcs, qui faiſoient alors leur Ramaſan ou jeûne ſolemnel, & qui, pour cette raiſon, n'avoient point de feu chez eux. M. Galand fut lui-même enveloppé ſous les ruines d'une maiſon pendant un quart-d'heure. Dès qu'il s'en fut retiré, il ſe tranſporta à bord, où il s'apperçut des ſecouſſes ſuivantes. Ceux qui y étoient dans le tems des premières, les avoient tellement reſſenties, qu'ils s'imaginoient toucher à leur dernière heure.

Le terrein de la ville baiſſa alors de deux pieds, & depuis cette époque, il fallut deſcendre pour aller en certains endroits vers le bord de la mer, où il falloit auparavant monter ; il ne reſta, après ce déſaſtre, que le quart ou environ de la ville, & principalement les maiſons qui étoient ſur des rochers.

Dans ces quartiers-là, il régne pendant l'Eté un vent d'Oueſt qui commence ſur les dix heures du matin, & continue en augmentant juſqu'à quatre heures du ſoir. Le 11 & le 12, ou les deux jours ſuivans,

& le 11 du mois d'Août de la même année, le tremblement de terre recommença vers les huit heures du matin. Enfin, le 10 Septembre, on sentit encore une violente odeur de soufre. En même tems, on éprouva des tremblemens de terre à Metelin, à Chio, à Satalin, & le long de la côte. La nuit du 10 au 11, on en ressentit à Constantinople. On avoit assuré à M. Galand, que depuis ces époques, on avoit trouvé des sources nouvelles, & on comptoit quinze à vingt milles personnes qui avoient péri dans ces évènemens.

Il n'est pas surprenant qu'après des révolutions de cette espèce, de nouvelles sources se fassent jour vers la surface du Globe, & on conçoit également que de nouvelles isles peuvent s'élever & s'établir au milieu des eaux; ce fut ce qui arriva dans les Isles Açores.

Le dernier jour de l'année 1720, & les jours suivans, il y survint un grand tremblement de terre, dans le trajet de mer entre l'Isle de Saint-Michel & celle qu'on appelle *Terricoria*: il se forma tout-à-coup une Isle

nouvelle qui excédoit d'abord à peine le
niveau des eaux , & qui s'éleva enfuite peu-
à-peu au point qu'on pouvoit la voir à la
diftance de fept à huit lieues. Elle avoit environ une lieue de circonférence ; elle étoit
hériflée d'immenfes rochers qui reflembloient
à de la pierre ponce ; il s'élevoit toutes les
nuits , du côté où elle étoit expofée au vent
du Nord-Nord-Oueft , des globes de feu &
des torrens de matières enflammées , qui s'é-
lançoient jufqu'au Ciel. Le jour ramenoit le
calme , & au lever du foleil, on ne voyoit
plus que de la fumée ; les eaux étoient très-
chaudes tout à l'entour ; & la mer bouil-
lonnoit fi fort au loin , qu'il eut été dangereux à des vaifleaux d'approcher de l'Ifle.
Quelque tems après , cette Ifle s'affaifla , &
difparut totalement. Ce phénomène s'eft déja
fait obferver plufieurs fois , & nous devons
à de femblables tremblemens & à des éruptions de feux fouterreins , la production de
plufieurs ifles. Ce qu'il y a de plus fingulier
en ceci , c'eft qu'il eft certains endroits , certaines mers qui femblent avoir plus de difpofition que les autres à donner naiflance à

de nouveaux rochers & à de nouvelles Ifles.

On fait que le 10 Janvier 1707 , il s'éleva
tout-à-coup avec une violente éruption de
flammes , une Ifle nouvelle près de celle de
Santorin , qui fut ébranlée de même par la
violence de la fecouffe. M. de Laval affure ,
dans la relation de fon voyage à la Loui-
fianne , qu'il s'en forma une dans la même
mer , & non loin de celle dont nous venons
de parler ; la première année de la cent qua-
rante-cinquième Olympiade , cent quatre-
vingt-feize ans avant Jéfus-Chrift ; bien des
gens prétendent qu'il en parut une troifième
dans la mer Egée , l'an 1573.

Gaffendi nous apprend qu'au commen-
cement de Juillet 1638 , environ quatre-vingt
ans avant l'apparition de l'Ifle dont il eft ici
queftion , il en avoit paru une près de Saint-
Michel , de même efpèce que la précédente ,
dont la naiffance avoit été précédée de l'é-
ruption de quantité de pierres forties avec
fracas du fein de la mer.

Le défaftre arrivé à Lima , en 1746 ,
mérite de trouver ici la place. Il fut occa-
fionné par un violent tremblement de terre ,

dont voici le précis. Le 28 Octobre 1746,
on entendit, vers les dix heures & demie du
soir, un bruit souterrein qui précède toujours,
au moins en ce pays-là, les tremblemens
de terre, & dure assez de tems pour que les
habitans puissent sortir de leurs maisons;
les secousses vinrent ensuite, & furent si violentes, qu'en quatre & cinq minutes de tems,
il ne resta de la Capitale que vingt maisons
sur pied; soixante - quatorze Eglises ou Couvents, le Palais du Viceroi, l'Audience
Royale, les Hôpitaux, les Tribunaux, & tous
les Edifices publics qui étoient les plus élevés
& plus solidement bâtis que les autres, furent
ruinés de fond en comble.

Callao, ville fortifiée, & Port de Lima,
à deux lieues de cette Capitale, fut vraisem-
blablement renversée dans le même tems où
le tremblement se fit sentir. La mer s'éloigna
du rivage, à une grande distance, & elle
revint ensuite avec tant de furie, qu'elle sub-
mergea treize des vaisseaux qu'elle avoit laissés
à sec & sur le coté dans le Port, en porta
quatre fort avant dans les terres, où elle
s'étendit à une de nos lieues, rasant entié-

rement la ville de Callao , & engloutiſſant
tous les habitans , au nombre de cinq milles,
& pluſieurs de ceux de Lima , qu'elle trouva
ſur le chemin. Les oſcillations que fit la mer
juſqu'à ce qu'elle eût repris ſon aſſiette na-
türelle , couvrirent les ruines de cette mal-
heureuſe ville d'une ſi grande quantité de
ſable , qu'il reſta à peine quelque veſtige de
ſa ſituation. On avoit déjà trouvé onze cens
quarante-un corps enſevelis ſous les ruines,
au départ du vaiſſeau qui apporta cette nouvelle. On travailloit à rebâtir les maiſons de
Lima, en les faiſant encore plus baſſes qu'elles
n'étoient avant cet accident , & on eſpéroit
que par les ſages précautions du Viceroi,
on tireroit des ruines la plus grande partie
des effets précieux qui avoient été enfouis.

L'an 1750 fut encore remarquable par un
tremblement de terre qui ſe fit ſentir à La-
vedan. La nuit du 24 au 25 Mai , on entendit
dans cette vallée , un bruit ſemblable à celui
d'un tonnerre ſourd. Ce bruit fut ſuivi de
pluſieurs ſecouſſes de tremblement de terre,
qui durèrent juſqu'au lendemain , & ne fi-
nirent que vers les dix heures du matin. Les

ébranlemens les plus forts fe firent fentir vers
Saint-Savin. Une pièce de roc, enfevelie dans
la terre, & de laquelle il ne paroiffoit qu'une
partie, fut jettée hors de fa place, tranfportée
à quelques pas, & le creux qu'elle occupoit,
fut rempli par de la terre qui s'éleva de deffous.
Un Hermite qui habitoit une montagne voifine, dit qu'il avoit entendu les rochers fe
froiffer avec un fi terrible bruit, qu'il lui
fembloit que la montagne alloit s'abîmer.
L'allarme fut grande dans ce canton, &
fur-tout du côté de Lourdes. Les habitans
coururent à la campagne, fe retirer fous des
tentes ; la tour du château de cette dernière
ville, dont les murailles font d'une épaiffeur
prodigieufe, fut léfardée d'un bout à l'autre,
& la chapelle prefqu'entiérement renverfée.
Plufieurs maifons de quelques villages voifins
furent abfolument détruits, & un nombre
confidérable d'habitans périrent fous leurs
ruines. Les voûtes de l'Abbaye de Saint-Péé,
furent entr'ouvertes. A Tarbes, on fentit, ce
même jour, quatre fecouffes, depuis dix
heures du foir jufqu'à cinq heures du matin ;
le 26, on en reffentit encore trois, dont

une renverſa une ancienne tour de la ville &
fit quelques fentes à la voûte de l'Eglife Cathédrale. Ces ſecouſſes furent toujours précédées de mugiſſemens ſouterreins. A Pau,
les cloches ſonnèrent d'elles-mêmes, & les
maiſons furent vivement ſecouées, mais ſans
qu'il y ſoit arrivé aucun accident. Ce même
tremblement ſe fit ſentir à Touloufe, à
Montpellier, à Rhodez, à Saint-Pons en
Saintonges, & dans tout le Médoc.

Nous voici arrivés à des tems plus dé-
faſtreux encore, dont la funeſte cataſtrophe
eſt profondément gravée dans notre ſouvenir,
& nous offre le ſpectacle de la plus grande
déſolation.

Lisbonne, Capitale du Portugal, bâtie
ſur les bords du Tage, fut le théatre ſanglant
de ce terrible évènement qu'elle avoit déjà
éprouvé, plus de deux ſiécles auparavant·
Voici de quelle manière on réunit ces deux
évènemens, dans une relation qui parut
quelque tems après.

C'eſt, dit-on, dans les Hiſtoires de Paul
Jove, qu'on peut trouver des éclairciſſemens
& comme des préſages de ce qui vient d'arriver.

Nos

Nos arrière-Neveux ne parcourront-ils pas de même nos Annales, pour comparer encore le tremblement de terre qu'ils essuyeront, avec celui dont nous venons d'être les témoins ?

Il étoit neuf heures du matin, le premier Novembre de cette année 1755, lorsque tout-à-coup on entendit un grand bruit, semblable à celui d'un coup de tonnerre. Il fut accompagné de secousses violentes, de redoublemens, de grandes crevasses & ouvertures de terre, d'une crue d'eau extraordinaire. Le Tage s'enfla presque soudainement; les vagues de la mer furent poussées au loin au-delà du rivage; les bâtimens, les maisons, les Edifices publics, furent renversés; plusieurs furent engloutis, & plus de la moitié de Lisbonne n'est plus qu'un amas de pierres: Voilà pour la Capitale.

Les Villes peu distantes de Lisbonne, ont autant souffert. Sétubal n'est plus; Santaren, bâtie sur le rivage droit du Tage, à quelques lieues au-dessus de Lisbonne, a éprouvé un malheur semblable. L'inondation a détruit tout ce que le tremblement de terre avoit épargné. Le feu, & il ne faut pas oublier

E

ce défaftre, s'étoit joint au tremblement de
terre, à Lisbonne, & l'incendie y avoit fait
autant de dégats que les fecoufles, enforte
que ces malheureux habitans pouvoient dire
avec David: *Tranfivimus per ignem & aquam.*
Mais, cet incendie n'eft furvenu au tremblement, que par occafion. Il aura, fans
doûte, trouvé fa caufe dans le renverfement
des maifons qui feront tombées fur des feux.

Les mêmes fecoufles fe font fait fentir dans
tout le Royaume de Portugal & dans la
plupart des villes d'Efpagne. On marque que
ces fecoufles ont été fur-tout violentes à
Séville, dont la belle Tour a beaucoup
fouffert, & à Cadix. Ces villes font éloignées
de Lisbonne, à près de foixante-dix lieues.
Cadix a prefque été inondé par un coup
de mer qui lança contre fes murs une vague
extraordinaire: heureufement elle fe brifa,
& la mer rentra dans fon lit pour ne le pafler
qu'une feule fois l'après midi; & elle em-
porta une chauflée.

Toute la côte de l'Océan a reffenti en
même tems cette fecoufle du premier Novembre. Depuis Cadix jufqu'à Hambourg,

fur la mer de Hollande , les nouvelles font mention de Coïmbre , Bilbao , Bayonne , Angoulême , de quelques villes de Hollande , de Hambourg; les côtes de la Méditerrannée, ont été agitées, & fur-tout Carthagène , Valence , &c.

Plufieurs fleuves fe gonflèrent & produifirent des inondations. Parmi ceux - ci , on doit compter le Guadalquivir , le Tage , le Douro , la Garonne , le Vefel , &c. Rapprochons maintenant les traits de comparaifons des tremblemens de terre de Lisbonne, de Janvier 1532 , & de Novembre 1755 ; les réflexions en naîtront les unes des autres.

Le tremblement de 1532 dont l'Evêque de Côme nous marque les particularités , au vingt-neuvième Livre des Hiftoires de fon tems , ne fut , ni auffi violent , ni auffi univerfel que celui de 1755. Paul Jove ne parle que du Portugal. Il eft vrai qu'il fait mention d'une irruption violente de la mer , dont Harlem & l'Eclufe, villes de Hollande , furent fubmergées ; mais , outre que cette éruption précéda de deux mois , elle ne fut point accompagnée de tremblement , & fi l'inondation fut l'effet d'une explosion, ce qui est très-vraisemblable, cette explosion se fit dans la mer.

Cependant, ce tremblement de 1532 se fit au même endroit que celui de 1755. Lisbonne en fut alors & le centre & le foyer. La mer ne se seroit-elle point creusée sous cette ville, de profondes cavernes qui seront devenues comme la minière & le lieu de l'amas des matières bitumineuses & inflammables qui font la base de l'explosion ?

On vit les eaux du Tage grossir si considérablement, le premier Novembre 1755, qu'elles étoient élevées de dix pieds au-dessus de leur lit, à Tolède. La cause en est sensible.

Les vagues de la mer, poussées avec violence, faisant résistance à l'écoulement des eaux du Tage, se sont mêlées avec elles, les ont fait refluer, & c'est-là ce qui a causé l'inondation du Sétubal & de Santaren. Or, l'inondation de 1532, fut égale à celle-ci. On lui trouve encore bien d'autres caractères de similitude, en comparant la description de Paul Jove ; d'où l'on peut inférer que le tremblement de terre de 1755, ne fut qu'une répétition de celui qu'on éprouva en 1532. Ne feroit-il point à craindre qu'on éprouvât encore par la fuite le même défaftre ? Comment y rémédier ? Il n'eft fans doute qu'un moyen, mais il n'eft point entre les mains de l'homme. Ce feroit, fans contredit, l'éruption d'un volcan. Ce phénomène que le vulgaire regarde comme un fléau terrible & deftructeur des endroits où il fe fait obferver, garantit ces endroits de malheurs bien plus grands. Lisbonne eût été en fureté, fi les feux fouterreins, raffemblés dans fes cantons, avoient pu fe faire jour & fe porter librement au dehors. Si le Mont Véfuve ne vomiffoit fon bitume & fa lave par des périodes réglées, il y auroit peut-être bien long-tems que le Royaume de Naples ne feroit plus.

Quant à l'étendue des endroits où le tremblement s'eft fait fentir, c'eft un point difficile à faifir & à comprendre. Ce n'eft point par la communication des terres précifément qu'il s'eft propagé, car, fi ce tremblement s'étoit communiqué par ondulation, à-peuprès comme l'agitation des eaux ou comme

E iij

le fon, par une propagation fucceffive, qui s'affoiblit, en s'éloignant du centre du mouvement, pourquoi des villes très-éloignées de Lisbonne auroient-elles reffenti le tremblement, tandis que des lieux intermédiaires & beaucoup plus près, auroient été préfervés ?

La chaîne des montagnes & leur direction peuvent cependant rendre cette hypothèfe auffi vraifemblable que celle dans laquelle on fuppoferoit des mines de bitume, qui régneroient & qui communiqueroient enfemble, dans toute l'étendue de l'efpace où ou a reffenti ce mouvement ; mais, nous laiffons aux Naturaliftes & aux Phyficiens le foin d'en indiquer la caufe.

Ce terrible phénomène fut précédé & fuivi d'un très - grand nombre d'autres femblables dont il feroit, fans doute, important de conferver les notes, pour qu'on pût en fuivre, autant qu'il eft poffible, la marche, & en tirer des inductions propres à nous en faire découvrir les caufes.

Le 25 Mars 1755, on entendit un bruit extraordinaire dans la Province d'Yorck, près des montagnes appellées *Black-Ha-*

milton , au fud-Oueft & à deux milles de Sutton ; ce bruit continua le 26 , & le 27 il reffembloit à celui de plufieurs canons , ou d'un tonnerre roulant , & paroiffoit venir des rochers de Cabifton , qui font fur ces montagnes. Le même jour 27 , entre dix & onze heures du matin , il s'éclata deux morceaux du roc ; l'un au fommet , de deux toifes de largeur ; l'autre , épais de fept toifes , haut de quinze , & large de trente-cinq. Ce dernier fut jetté dans le vallon. Le foir , vers les fept heures , il y eut une fecouffe terrible. Plufieurs autres morceaux du roc , pefant chacun plufieurs quintaux , furent détachés de leur place , renverfés , lancés , roulés & entaffés les uns fur les autres ; le vendredi & le famedi faint , la terre ne ceffa de trembler ; les rochers roulèrent continuellement , la terre s'ouvrit en beaucoup d'endroits , & fe crevaffa jufqu'au dimanche matin. Ces ruines , qui préfentoient un fpectacle affreux , furent vifitées par plufieurs Naturaliftes. On obferva que le rocher dont les débris couvroient la terre , étoit d'une fubftance folide , & on n'y apperçut aucun vuide où l'air eût pu

agir pour le faire éclater. Cependant, il étoit
fendu dans toute sa masse, & de haut en
bas. Ce qui s'en étoit détaché, étoit rompu
en des milliers de morceaux, dont quelques-
uns furent jettés à deux ou trois cens toises
de-là. Le sol qui environnoit ce roc, étoit
affaissé, au lieu d'être soulevé, comme on
eût pu l'imaginer ; mais un peu plus loin,
il formoit comme une espèce de sillon de
quatre à cinq toises de hauteur, sur six à
huit de largeur, & environ cent de longueur.
Près de ce sillon étoit un morceau de terre
de quinze à vingt toises de diamètre, qui
avoit été transporté tout entier, & sans
aucune crevasse, avec quelques morceaux du
roc, dont quelques-uns étoient très - considérables. Un peu plus loin, se trouvoit un
autre morceau de terre de vingt-cinq toises
de diamètre, qui avoit été transporté en
entier avec des fragmens de roc & un arbre.
On jugea que ces pièces de terre avoient
été enlevées du pied du rocher, ce qui
avoit causé dans cet endroit l'affaissement
du sol. Autour de ces pièces de terre, dans
l'étendue d'environ soixante arpens, il y avoit

quantité de pierres difperfées en différens
fens, les unes fur la furface de la terre, les
autres à demi enfoncées ou prefque enterrées.
La terre, entre ces pierres, étoit fendue en
une infinité d'endroits; dans le vallon bordé
de pâturages, le gazon étoit enlevé & roulé
comme de grandes feuilles de plomb. Il n'y
paroiffoit aucune crevaffe, mais la terre étoit
élevée en petits fillons de cinq à fix pieds de
longueur, qui repréfentoient des tombeaux
dans un cimetière. La partie du rocher qui
reftoit, jettoit alors un tel éclat, qu'on le
voyoit de tout le pays d'alentour, à la diftance
de plufieurs lieues. Tel fut en partie l'effet
d'un tremblement qui précéda de quelques
mois le défaftre de Lisbonne.

Mais fi l'on confulte les Annales d'Angleterre, on trouvera que depuis 1750 jufqu'en 1756 on effuya douze à treize tremblemens de terre. En 1750, Londres en effuya
trois dans l'efpace d'une femaine, mais qui
ne cauferent heureufement aucun dommage.
En France, en Allemagne, dans les Pays-
Bas, où ces phénomènes étoient très-rares,
puifqu'on n'en avoit obfervé qu'en 1262,

1342, 1504, 1580, 1602, 1640 & 1692. On en obferva plus de quatre-vingt en 1750, dont quelques-uns firent beaucoup de dégats en différentes contrées. Voici la lifte qu'en donna, dans le tems, un Sçavant d'Allemagne, qui fentoit de quelle importance il étoit de conferver la mémoire de ces fortes de phénomènes.

En 1750, le 11 Février, à Rome; le 19 à Londres, fecouffes affez fortes. Le 10 Mars, à Conftance, dans la Souabe, & le 19 encore à Londres, fecouffe avec bruit.

Le 20 du même mois, à Frefcati, près de Rome. Au mois d'Avril, une fecouffe à Lancaftre en Angleterre; le 15 Mai, dans la Calabre; le 23, à Florence; le 24, à Bordeaux & en quelque'autres endroits de la France. Le 7 de Juin, dans l'Ifle de Cérigo, & le 24 à Munich. En Août, à Gibraltar & dans le Comté de Lincoln en Angleterre. Le 3 Septembre, à Grantham encore en Angleterre, & dans le même mois, à la Jamaïque, à Clamber & à dix lieues à la ronde. Le 5 Octobre, fur les côtes d'Afrique; le 11, en plufieurs endroits d'Angleterre, dans le Royaume de Naples & dans la Romagne. Le 6 Novembre, en Laponie; en Décembre, dans l'Ifle de Saint-Vincent, à Venife, à Schaffhaufen; le 22, à Naples.

En 1751, le 3 Février, à la Jamaïque, dans la Navarre, dans les Pyrénées & à Tarbes; le 15, à Nantes; le 20 Mars, fur la Loire. En Avril, à Angers, au Chili, dans l'Ifle de Juan Fernandès; en Mai, à Saint-Domingue. Le 5 Juin, à Naples, à Volterre dans le Duché de Tofcane & à Rome. Le 3 Juillet, à Saint-Polten, en Autriche; le 11, en Sicile; le 19, à Nocera; le 26, à Rome & à Nocera, où il y eut une grande défolation. En Août, à Gobbio, en d'autres Cantons d'Italie & à Palerme; en Septembre, dans l'Ombrie; en Octobre, à Camérino en Italie; le 18, à Saint-Domingue, à la Martinique & dans d'autres Ifles de l'Amérique où ces tremblemens de terre durèrent jufqu'en Décembre. Le 23, à Naples, avec éruption du Véfuve; le 7 Novembre, à Swanski dans la Finlande; le 21, à Gènes & dans le Milanez; le 4 Décembre encore à Naples.

E vj

En 1752, en Janvier; à Frontallo, aux environs de Mantoue, en Portugal, au Chili & en d'autres endroits de l'Amérique, qui en furent très maltraités. Le 27 Mars, fur la côte d'Avéiro en Portugal. Le 16 Avril, à Stavanger dans la Norwège, avec un orage terrible qui s'étendit jufqu'à Berlin, dans le Comté de Sommerfet en Angleterre, & dans l'Ifle Hifpaniola. Le 13 Mai, à Neu-haufel en Hongrie, aux environs de Coimbre en Portugal & dans l'Ifle dé Zante, avec def-truction. En Juillet, à Riccio, à Genzo & à Nocera en Italie. En Septembre, à Andri-nophée, fecoufîes affreufes, & le 6 une légère en Auvergne.

En 1753, le 9 Mars, à Turin & dans tout le Piémont, avec des fecoufîes effroyables dans toutes les montagnes. En Juin, en plu-fieurs endroits d'Angleterre, fecoufîes aflez fortes, ainfî que dans le Royaume de Naples. En Juillet, encore en Angleterre, avec d'affreux mugifîemens. Le 8 Décembre, à Breft, fecoufîes violentes dans l'intérieur de la terre.

En 1754, le 12 Janvier, à Grenoble; en

Avril, dans le Comté d'Yorck en Angleterre, avec une forte tempête, & dans l'Ifle
de Saint-Euftache. En Juin, dans l'Etat Eccléfiaftique ; le 15, dans la Morée, avec grand
défaftre, & dans la Sicile avec éruption de
l'Etna; en Août, à Amboine dans les Indes
Orientales ; en Septembre, à Conftantinople,
beaucoup de bâtimens abattus, & à Sebafte,
fur la Mer Noire.

En 1755, en Février, daus l'Ifle de Metelin; en Mars, dans la Province d'Yorck,
comme nous l'avons obfervé ci-deffus ; en
Avril, dans le Brabant, à Stepney en Angleterre. Le 7 Juillet, la ville de Sachan,
dans la Perfe, fut prefqu'entiérement renverfée. Le premier Août, fecouffe un peu
vive à Stanfort en Angleterre. Le premier
Novembre, le fameux défaftre de Portugal,
qui fe fit fentir, comme nous l'avons remarqué précédemment, à des diftances
énormes. On remarque encore alors que la
terre avoit été, pendant foixante-un jours,
c'eft-à-dire, jufqu'au 31 Décembre, dans
une commotion continuelle, qu'on fentit
plus ou moins fort, depuis les côtes orien-

tales de l'Océan , jusqu'au fond de l'Allemagne , & depuis l'Islande presque jusqu'au
Tropique du Cancer , ce qui fait une diftance d'environ quatre milles lieues de
l'Oueft à l'Eft , & de deux milles lieues du
Sud au Nord ; & par les obfervations qu'on
fit dans le tems , il parut que ces tremblemens
de terre avoient toujours eu leur direction
de l'Oueft à l'Eft , ou de l'Eft à l'Oueft , &
jamais du Nord au Sud.

Au mois d'Octobre de la même année , on
fentit à Berne en Suiffe , & dans le Bailliage
d'Aelen , quelques fecouffes qni produifirent
des effets affez extraordinaires , mais très-
agréables aux habitans , ainfi qu'on peut s'en
affûrer par l'extrait d'une lettre de M. Haller,
qui fut rendue publique dans le tems.

Les fources font , dans ce pays, un objet
important pour l'agriculture , parce que le
produit des prés dépend beaucoup de l'a-
bondance des eaux : or , plufieurs fources
qui étoient perdues depuis 1753 , revinrent
abondamment arrofer les prés ; les falines
des environs augmentèrent auffi confidéra-
blement , & cette augmentation continuoit

encore dans l'hiver, malgré la neige & la gelée, qui diminuent ordinairement les fources. On ne peut, dit M. Haller, l'attribuer à la pluie, puifqu'elle pénètre fort tard, & fouvent quelques femaines après qu'elle eft tombée dans ces falines, & qu'elle y produit d'ailleurs peu de changement.

Si le défaftre du premier Novembre ne fe porta point jufques-là, fi on n'y fentit point de fecouffes, comme le remarque M. Haller, fi les fources feulement, qui fortent du Mont-Jura, furent toutes troublées dans l'efpace, au moins de dix heures, fi tous les lacs auffi fe gonflèrent & portèrent leurs eaux contre le rivage, la Suiffe ne fut cependant pas exempte de participer à l'évènement qui affecta une grande partie de l'Europe; car, le 9 Décembre après midi, environ à deux heures trois quarts, on fentit à Berne, & prefque dans toute la Suiffe, une fecouffe affez violente, dont la durée fut de près d'une minute, & elle ébranla tous les bâtimens un peu élevés. Les tonneaux remuoient dans les caves, & on entendoit le bruit du vin agité. Les eaux devinrent plus abondantes & fe

troublèrent comme au premier Novembre;
l'aiguille aimantée déclinoit, dit-on, d'un
douzième de dégré de plus vers l'Oueft;
mais cette obfervation n'eft pas auffi fûre
que celle que M. Wucherer fit à Hohenens,
près des frontières orientales de la Suiffe. Il
avoit répandu de la limaille de fer fur un
aimant nud, pefant onze onces & demi; cet
aimant, fufpendu perpendiculairement, &
dont les poles arrêtés dans la Méridienne,
en déclinoient environ d'un degré, s'éleva
pendant la fecouffe, vers le Sud, avec fa
corde, tellement que cette corde formoit un
angle de plus de quarante degrés avec la perpendiculaire, pofition dans laquelle elle
refta tant que dura la fecouffe. En même
tems la limaille qui entouroit le pole Nord
& qui étoit hériffée, fe coucha fur l'aimant,
quelques brins même en tombèrent; mais
toute celle qui entouroit le pole Sud, refta
immobile. A la dernière fecouffe, l'aimant
retomba vers le Nord; après quelques ofcil-
lations, il reprit fa direction perpendiculaire, & la limaille qui étoit couchée, fe
releva; ce même jour, & le fuivant, la terre

trembla violemment à Brieg. Plusieurs maisons furent endommagées, & les habitans s'enfuirent dans les champs. Il se fit dans la terre plusieurs crevasses, qui occupoient du Sud au Nord une étendue d'une heure de chemin, & qui étoient assez profondes. On voyoit de l'eau sortir avec beaucoup d'impétuosité de quelques-unes de ces crevasses, & quinze jours après, la terre se ferma. Enfin, le 26 Décembre 1755, ainsi que le 2 & le 26 Janvier 1756, il y eut encore dans la Suisse quelques secousses, mais légères, & qui ne causèrent aucun dégat.

Il n'en fut pas de même de celle qu'on éprouva le 12 Janvier de la même année vers la Bohême. Elle s'étendit jusqu'à Barenstein, Zinnewalde & Altembourg. Le 2 du même mois, on en avoit éprouvé une très-forte à Tuam en Irlande, vers les quatre heures après-midi; l'air s'étoit échauffé & épaissi considérablement; à cette disposition de l'air avoit succédé une clarté très-vive qui surpassoit celle du plus beau jour. Cette clarté diminua ensuite peu-à-peu, & on vit le ciel tout sillonné de flammes. Elles disparurent,

& furent fuivies d'une efpèce de cafcade
d'eau mêlée de feux aériens, qui fe précipita
du côté du Nord ; un inftant après il y eut
une fecouffe épouvàntable, mais qui fit plus
de peur que de mal.

On fut le lendemain qu'à Baltimore, l'eau
avoit couvert plus de fept arpens de terre,
& entraîné deux cens pièces de bétail. On
apprit encore par des lettres qui arrivèrent
de Gallway, du 13 & du 23 Janvier, que
tout un terrein de dix arpens d'étendue, fitué
près de Péterfwal, avoit été enlevé de deffus
la croupe d'une montagne, & porté à près
d'une lieue de-là, où il s'étoit arrêté fur une
plantation de patates ; cet énorme monceau
de terre avoit plus de trente pieds d'épaiffeur.
De l'endroit de la montagne d'où ce terrein
s'étoit détaché, il avoit coulé, pendant
plufieurs jours, un courant d'eau noire comme
de l'encre, qui en fe jettant dans une rivière
voifine, l'avoit tellement infectée, qu'on
avoit trouvé fur les bords une très-grande
quantité de truites mortes ; les mêmes lettres
marquoient encore qu'il y avoit eu une forte
fecouffe près de Corkemo, que deux arpens

de terre avoient été engloutis, & qu'il y
avoit de l'eau à leur place. Des Bateliers qui
vinrent à-peu-près dans le même tems de
Longheurrib à Gallway, rapportèrent qu'ils
avoient entendu dans l'eau un bruit sourd
semblable à celui du tonnerre ou du canon,
à une certaine distance ; qu'ils avoient exactement remarqué que ce bruit venoit du fond
de l'eau ; qu'immédiatement après, le bateau
avoit été baloté, au point qu'ils avoient pensé
périr ; que le tout avoit duré trois ou quatre
minutes, & qu'ensuite ils avoient eu un très-
beau calme.

La Syrie éprouva, en 1759, un désastre
encore plus affreux que celui qu'on avoit
éprouvé en 1755, dans le Portugal & dans
tous les endroits où ce fâcheux événement
s'étoit étendu. Voici ce que rapporte à ce
sujet M. Cousineri, Chancelier du Consulat
de Tripoli en Syrie.

Le 30 Octobre 1759, à 3 heures 45 minutes du matin, la terre trembla à Tripoli
& dans toute la Syrie, d'une manière si horrible, que près de trente mille personnes
périrent de la première secousse, & que

presque toutes les villes de cette contrée,
ainsi que celles de la Palestine, furent détruites. Antioche, Balbus, si fameuse par
ses ruines, Seyde, Acre, Juffa, Nazareth,
Saphet & beaucoup d'autres villes n'existent
plus. La ville de Tripoli a presque subi le
même sort. Ses Edifices ont été ébranlés jusqu'aux fondemens, & ont été rendus inha-
bitables pour jamais. Les malheureux habitans de ces contrées, qui avoient échappé
aux premières secousses, espéroient en être
délivrés, mais elles ont duré pendant plus
de six semaines, & il n'y a pas un jour qu'on
n'en ait essuyé plusieurs, ou pour mieux dire,
la terre a été dans un mouvement continuel
& comme un vaisseau battu des flots. Mais
celles qu'on essuya le 25 Novembre à 7 heures
15 minutes du soir, surpassèrent toutes les
autres, & furent si épouvantables, que, selon
M. Cousinery, on ne peut s'en former l'idée
sans frémir. Les habitans ont été obligés de
camper, au milieu de la rigueur de l'hyver,
sous des tentes fort mauvaises, & pour augmenter le malheur de leur situation, ils ont
été forcés de veiller & de se défendre la nuit

contre les bêtes féroces, telles que les hyennes & les chacals. Ils craignoient plus encore. Ils étoient dans de continuelles alarmes que la neige qui couvroit les montagnes aux pieds defquelles ils étoient campés, n'en fiſſen t defcendre les tigres & les lions, & qu'ils ne fuſſent obligés de difputer leur vie contre ces furieux animaux.

Le tremblement de terre de 1169 (au mois de Février), eft un des plus terribles qui aient fecoué la Sicile. Il n'y laiſſa pas une maifon fur pied dans la ville de Catane, & fit périr quinze à vingt mille citoyens fous les ruines de cette ville. Celui de 1563 lui fit éprouver, à peu de chofes près, le même fort. L'éruption horrible & à jamais mémo- rable de 1669, bouleverfa fes campagnes, ruina fes villages, détruifit une partie de la ville, combla fon Port, & laiſſa par-tout après elle des traces effroyables. Non moins terrible, le tremblement de terre de 1693, acheva prefque d'engloutir les triftes reftes & enfevelit dix-huit mille perfonnes en même- tems ; les effets de ce fléau furent tels, prin- cipalement au midi de Catane, que les villes

de Lentino, d'Agofta, de Syracufe, de
Noto, en furent prefqu'entiérement renverfées; on fait monter à foixante mille le
nombre des perfonnes écrafées.

Ce dernier tremblement ravagea toute la
Sicile. La relation Italienne qu'en fit, l'année
même de l'évènement, le Cordelier conventuel Alexandre Burgos, depuis Evêque de
Catane, fait frémir. La première fecouffe fe
fit fentir le vendredi, 9 Janvier, à 4 heures;
la feconde, du dimanche fuivant, fut terrible & commune à toute la Sicile. Palerme,
Meffine, Paterno, Catane, furent renverfés
avec une multitude de bourgs & de villages.
La Secouffe fut horrible à Meffine; elle
renverfa le Théatre public, le Palais Royal,
le Séminaire & l'Archevêché. Les principales maifons, les Eglifes, les Couvents,
couvroient la ville entière de leurs débris.
Elle reffembloit, dit l'Hiftorien, à une forêt
dont tous les arbres dépouillés de leur verdure, font tombés fous la coignée du Bucheron. Il périt néanmoins peu de monde à
Meffine, mais en revanche Catane perdit
vingt-trois mille perfonnes, Caltagirone,

mille , &c. Le fort de la ville d'Agofta fut plus déplorable. Le feu intérieur de la terre embrafa un magafin à poudre , & l'explofion fit fauter tous les bâtimens , & les pierres retombant du Ciel , écrafoient les malheureux habitans , qui , échappés des ruines , cherchoient leur falut dans la fuite. On en compta trois mille péris.

A ce défaftre , on peut ajouter celui du premier Octobre 1726 , qui , fans s'étendre fur toute la Sicile , s'attacha particuliérement à la ville de Palerme. On entendit d'abord un bruit épouvantable qui dura près d'un quart d'heure , dans un tems où il n'y avoit ni vent ni nuages. On vit enfuite deux colonnes de feu fortir de la terre , & aller s'enfoncer dans la mer. Le tremblement dura cinq ou fix minutes , & renverfa le quart des maifons de la ville. Il y périt plus de 1500 perfonnes , & on en retira un nombre confidérable de deffous les ruines, fous lefquelles elles étoient comme enfevelies ; mais celles-là en furent quittes pour la peur.

De tous les détails dont on vient d'entretenir le lecteur , il eft facile de conclure que c'eſt fort mal raiſonner que d'imaginer qu'il n'y a que les Régions du Midi qui ſoient expoſées à ces terribles convulſions, puiſque preſque toutes les parties du Globe les ont ſucceſſivement eſſuyées; & que la France elle-même, dont la température eſt ſi douce, n'eſt pas à l'abri de ce cruel fléau. Il ſeroit infiniment mieux que l'on cherchât les moyens de perfectionner ceux qui pourroient garantir de ces horribles déſaſtres, ſi toutefois il en exiſte, comme le feroit croire un Phyſicien ingénieux, M. Bertholon, Lazariſte, qui a publié dans l'Encyclopédie & dans le Journal de Phyſique de 1779, des Mémoires ſur les moyens de préſerver de ce fléau des pays qui y ſont le plus ſujets.

Article

Article extrait de la Gazette de France du 13 Mai 1783.

LE tremblement de terre que l'on ressentit à Naples, dans la soirée du 28 du mois de Mars, avoit pris son origine dans la Calabre ou à Messine, où il a produit de nouveaux désastres, comme on le verra par les Lettres suivantes :

De Messine, le 28 Mars 1783.

Les Galères envoyées ici par le Grand-Maître de Malthe, ont remis à la voile, après nous avoir fourni des vivres, de l'argent & des médicamens qui ont été distribués à ceux qui en ont demandé; elles ont donné de plus vingt lits à l'Hôpital, avec une somme d'argent assez considérable. Les Médecins & Chirurgiens venus à bord de ces Bâtimens, n'ont cessé pendant leur séjour, de secourir les malades avec la plus grande humanité. . . . . . . Une Frégate venant de Naples, est arrivée aujourd'hui en ce port, & il y a environ cinq jours que les tremblemens de terre ne se font plus sentir.

P. S. En ce moment je m'enfuis de la barraque où je me trouve, une violente secousse me force à quitter la plume.

Autre Lettre, du 29 Mars.

Hier au soir, à sept heures dix minutes, on ressentit, dans les restes de cette malheureuse ville, une secousse si violente & d'une si longue durée,

F

que quoique nous fuffions dans des barraques , en
pleine campagne , il fembloit que tout le terrein alloit
fondre fous nos pieds, nous voyions même le fol
s'entr'ouvrir en quelques endroits. Nos alarmes
furent au point de nous faire abandonner précipi-
ramment nos barraques , & de nous entraîner çà &
là, fans fçavoir où il étoit moins dangereux de nous
porter, tandis que quelques-uns de nous fe tenoient
attachés aux arbres , & pouffoient des cris affreux.
Au moment où je vous écris, on m'apprend que cette
nouvelle couvulfion de la terre a renverfé ce qui reftoit à Meffine de maifons & d'Eglifes, qui n'avoient
pas encore été totalement détruites ; en un mot,
Meffine n'exifte plus. A tous ces défaftres fe joignent
les incommodités que nous avons à fouffrir , fous des
hangards, qui, ayant été conftruits à la hâte, ne
nous mettent à l'abri ni du froid , ni du vent, ni de
la pluie.

Autre lettre du même jour , des barraques de
Ragliano.

Hier, vers les fept heures & demie du foir, nous
avons éprouvé un nouveau tremblement de terre.
La fecouffe a été fi forte , que chacun a regardé ce
moment comme le dernier de fa vie. Il faut cependant que l'agitation ait été encore plus confidérable
à Cozenza : puifque l'on affure que les malheureux
habitans échappés des ruines de leurs maifons , ne
pouvant fe tenir debout , ont été obligés de fe cou-
cher par terre pendant les fecouffes ; un grand nombre de lieux différens a fouffert de ce nouveau

défaftre, dont je vous enverrai inceffamment des détails plus circonftanciés.

Selon des nouvelles ultérieures, reçues par la Cour de Naples, la fecouffe la plus violente a duré environ deux minutes, & l'on en a compté trente jufqu'à la pointe du jour. Ce nouveau tremblement a fait les plus grands dégâts dans la Calabre citérieure, & fur-tout aux environs de Cozenza, qui a été prefqu'entièrement détruite, en enfeveliffant fous fes ruines un grand nombre de perfonnes. Catanzaro a eu le même fort; mais comme la plupart des habitans avoient eu la précaution de fortir de la ville, il n'en a péri que 30. Maïda, Cirifaico, Caftiglione, Cutra, Potri, &c. font les lieux qui ont le plus fouffert.

Le Roi de France voulant auffi faire éprouver les effets de fon humanité aux malheureux habitans du royaume de Naples, y a envoyé deux Bâtimens chargés d'environ 40 mille *Timolo* (mefure de grains d'environ un fetier de Paris) de farine; mais cette denrée étant ce que nous manquons le moins, les deux Bâtimens ont repris la route de Toulon fans en avoir rien débarqué. Notre Souverain n'en a pas moins été fenfible à ces fecours, & il en a témoigné toute fa reconnoiffance à ce Roi bienfaifant. Il s'occupe fans relâche des moyens de réparer les maux caufés par les tremblemens de terre. Un grand nombre d'Ingénieurs & d'Ouvriers fe font tranfportés, par fes ordres, fur les lieux dévaftés, & on affure que les fommes que Sa Majefté a tirées de fon tréfor royal, pour cet objet, montent déjà à plus de 406,000 ducats. Il se débite, au surplus, que plusieurs des Ingénieurs envoyés à Messine, ont déclaré que le sol de cette ville n'étoit plus en état de soutenir de nouvelles maisons, par rapport aux crevasses ou gerçures considérables qui se sont faites en différens endroits, & où l'eau de la mer en s'introduisant, ne permet plus d'assurer & de poser les fondemens d'aucun édifice.

DESCRIPTION

CURIEUSE ET DÉTAILLÉE

Des Montagnes connues sous le nom de MONT ETNA *, autrement dit* MONT GIBEL *, & du* MONT VESUVE *, fameuses par les fréquentes éruptions de flammes, de bitumes & de cailloux qu'elles vomissent & les désastres horribles qu'elles causent dans les campagnes qui les avoisinent.*

L'ÆTHNA ou ETNA, est une montagne de Sicile, dans le Val de Demona, elle est la plus haute de toutes celles de l'Isle. Les Siciliens l'appellent *Monte Gibello*, & nous disons communément le *Mont Gibel.*

Juftin, *l.* 1, *c.* 1, a voulu donner une cause plus phyſique des feux & des cendres que vomit cette Montagne. Il prétend que la terre de l'Iſle de Sicile, extraordinairement légère & déliée, enferme dans ſon ſein des cavernes & des conduits qui l'ouvrent de toutes parts au ſouffle des vents. Elle eſt, dit-il, d'une matière extrêmement propre à produire le feu & le nourrir ; car on aſſure qu'elle eſt pleine de ſoufre & de bitume. De-là vient que quand le vent qui y eſt contraint & reſſerré, lutte, pour ainſi dire, contre le feu, elle vomit ſouvent, & en pluſieurs endroits, tantôt des tourbillons de flamme, & tantôt des torrens de fumée. C'eſt enfin pour cette cauſe, que l'embraſement du mont Etna dure depuis tant de ſiècles ; mais lorſque les vents redoublent leur violence, ils pouſſent des monceaux de ſables par les ſoupiraux des cavernes. Le P. Kircher, qui examina cette montagne en 1738, rapporte, que la hauteur de ſon ſommet, priſe dans ſon axe, eſt de trente mille pas, ſelon Maurolycus & Clavius, qui l'ont calculée géometriquement ; & cette mon-

F iij

tagne entière occupe un terrein de foixante
mille, ou de cent, fuivant quelques autres.
Le terroir d'alentour eft gras & fertile ; il y
a des vignobles, des pâturages, des forêts
de pins, de hêtres & de fapins. Mais le haut
eft couvert de cendre mouvante & de pierre
de ponce. On y trouve un enfoncement dont
l'ouverture a douze milles de circuit. Ce
gouffre effroyable, par les flammes & la fumée, qui fortent du fond & des côtés, avec
un horrible mugiffement, qui reffemble au
tonnerre, eft ce que les Naturaliftes appellent en latin le *Crater* d'Etna. L'afpeét en eft
fi affreux, qu'il n'y a point d'homme, quelque hardi & déterminé qu'il puiffe être, qui
ne foit faifi d'horreur, & qui ne recule à la
vue de ce précipice infernal. Il eft vraifemblable que l'incendie perpétuel a accru cette
montagne par les cendres qu'elle vomit ;
c'eft ce qu'on peut juger, en confidérant
des rochers calcinés & couverts de cendres,
& des cavernes parmi lefquelles il y en a
d'affez grandes pour contenir trente mille
hommes, & où l'on trouve des charbons de
pierre de ponce & des fcories de différentes

matières minérales fondues. On voit des traces de grands torrens de cette matière, que les gens du pays nomment Sciarra, qui demeurent comme les veſtiges & les monumens des grands ravages qu'a fait ce métal fondu en coulant. Au ſommet, il y a de la cendre & de la neige, qui mettent dans un danger d'autant plus terrible, ceux qui s'en approchent ſans précaution, qu'elles couvrent des abîmes & des fondrières, qui percent juſqu'au fond de la montagne. La perte de ceux qui s'y ſont hazardés, doit détourner les autres, & il en coûta preſque la vie au P. Matthieu Taveran, qui eut la curioſité d'obſerver cette fournaiſe de trop près. Il ſemble que tout le haut de la montagne n'eſt compoſé que d'une maſſe de cendres, de pierres de ponces & de charbons de terre, entaſſée & ſuſpendue en quelques endroits en forme de voûte. Comme cette maſſe reçoit intérieurement les eſprits minéraux, elle eſt extérieurement expoſée aux neiges, à la pluye & aux vents, il n'eſt pas ſurprenant que cette même matière brûlée s'impreigne de nouveau de ce qui la rendoit

combuſtible , & qu'elle recommence à
brûler.

Le feu , qui ne s'éteint jamais entièrement
dans ces gouffres , & qui ſe fait toujours remarquer , ou par la chaleur , ou par la fumée qui en ſort , ne recommence à fouguer
qu'en de certains tems , plus ou moins , à
proportion de l'amas de matières combuſ-
tibles qui s'y rejoignent ; & plus long-temps
elle a été ſans brûler , plus elle a recueilli
de ces eſprits qui la rendent inflammable , &
plus grande eſt la violence avec laquelle
le feu pouſſe au-dehors des flammes , des
cendres & des pierres. L'orifice de la fournaiſe ou du crater , eſt de trois mille quatre-
vingt pas , ou même de trois mille , ſelon les
uns , d'autres le font de quatre mille , &
il n'eſt pas impoſſible qu'ils ayent tous raiſon ; car il ne ſe peut pas qu'une telle ouverture , expoſée aux violens efforts de la
nature , ſoit toujours de la même grandeur.
Mais elle eſt tantôt plus grande , tantôt plus
petite , & cela eſt commun à tous les Volcans. L'abîme de celui-ci eſt ſi profond ,
qu'on n'en ſçauroit voir le bas. Des roches de

figures pyramidales débordent des côtés , &
quoique ces côtés foient parallèles , ils femblent pourtant fe rapprocher en bas par les
règles de l'Optique ; ce qui a trompé plufieurs Obfervateurs , qui ont cru que cette
fournaife fe termine en pointe vers le fond ,
comme un four à chaux. Le P. Kircher dit
avoir remarqué qu'au fond de ce gouffre, il
s'élève une efpèce de montagne de la matière
minérale , autour de laquelle il a toujours
obfervé un creux rempli d'une matière ref-
plendiffante comme du métal fondu. Les
côtés , par des conduits qui y correfpon-
dent , jettent , en plufieurs endroits , une
fumée continuelle , qui , pendant la nuit,
eft une flamme. Le gouffre n'eft jamais fans
mugiffemens , & il en fort de tems en tems
de fi horribles, que le mont en eft ébranlé.

L'Etna eft fi élevé , que , de fa cime, on
peut découvrir toute la Sicile & même les
côtes d'Afrique , lorfque le tems eft ferein.
Mais fi , par malheur , quelque tempête venoit à ébranler la montagne , ceux qui s'y
trouveroient alors feroient perdus , & ne
tarderoient guères à être enfevelis fous les

F v

cendres & les neiges. J'ai déjà dit que des
côtés de la montagne il fort, en plufieurs endroits, de la fumée mêlée de flammes. On
a obfervé que fi les foupiraux viennent à
fe boucher avec le temps, ou par les fecouffes
de la montagne, la violence redouble, &
fes feux cherchent une nouvelle iffue par la
furface extérieure. C'eft alors que fe forment
ces effroyables ouvertures & ces cavernes,
parmi lefquelles il y en a qui pourroient contenir trente mille hommes. Il y a auffi un fouterrein très-obfcur, nommé par les Siciliens
la *Grotta de la Palumba*, fi grand, fi profond, que ceux qui demeurent auprès du
Mont Etna, croyent qu'il y a un chemin
par lequel on peut paffer fous l'Ifle & fous
la mer pour fe rendre aux Ifles Eoliennes.
Il a forti autrefois de ces cavernes des rivières
brûlantes, comme on peut juger par un
conduit rempli de ces roches brûlées, que
les Siciliens nomment Sciarres. Ces torrens
de feu s'étendent quelquefois jufqu'à dix-huit
mille pas de longueur, fur un, deux, trois
ou quatre milles de large, comme les Hiftoriens le racontent; c'eft un digne fujet

d'étonnement que de penſer comment cette montagne peut fournir cette incroyable quantité de matières, & dans quel lieu ſont les fourneaux néceſſaires pour les mettre en fuſion.

Les embraſemens de l'Etna ont donné lieu à des fables & à des deſcriptions poétiques très-ingénieuſes. Le Père Kircher penſe que ce fut une éruption de cette montagne qui a donné l'idée de l'enlèvement de Proſerpine. Ce ſçavant nous apprend que lorſque les Grecs furent maîtres de la Sicile; c'eſt-à-dire, depuis la deuxième Olympiade juſqu'à la quatre-vingt-huitième, il y eut trois embraſemens célèbres, & qu'il y en eut un entr'autres qui cauſa un extrême étonnement à Pythagore. Les Hiſtoriens rapportent, que, du tems de Hiéron, le Philoſophe Empédocle périt en obſervant de trop près ce phénomène. Sous le règne de Jules-Céſar il y en eut un qui fut regardé comme un préſage de la mort de ce Dictateur. La mer en ſut ſi échauffée, que les poiſſons y furent étouffés, & que les vaiſſeaux qui étoient aux Iſles de Lipari, furent embrâſés. La montagne fut quatre fois en feu dans l'efpace de vingt ans.

Les Anciens avoient bâti, fur le mont Etna, une Chapelle en l'honneur de Vulcain, le Dieu du feu. Voici ce qu'en dit Ælien. Sur l'Etna, montagne de Sicile, il y a un Temple confacré à Vulcain, & entouré de murs & d'arbres facrés. On y garde un feu perpétuel. Il y a dans le bois & dans le Temple des chiens facrés qui careffent & flattent ceux qui viennent au Temple & dans le bois, avec la modeftie & la décence requifes; mais s'il fe préfente quelque fcélérat ou un homme qui n'ait pas les mains pures, ils le mordent & le déchirent. S'il en vient qui fe foient fouillés par quelque action impudique, ils ne font que les mettre en fuite & leur donner la chaffe. Fazel, Hiftorien de Sicile, dit qu'à deux cens pas plus bas que le fommet de l'Etna, on voit les reftes d'une ancienne tour, qui étoit de brique, que les habitans de Catania, & ceux des environs, nomment *la Tour du Philofophe*, & qu'une ancienne tradition leur a appris qu'Empédocle avoit fait conftruire cette voûte pour y pouvoir contempler à couvert les caufes des feux de l'Etna. Le même Historien conjecture avec raison que ce sont les restes du Temple de Vulcain. Les Anciens se servoient des feux de l'Etna pour présager l'avenir , car ils jettoient dans le goufre des cachets d'or ou d'argent, & toutes sortes de victimes , si le feu les dévoroit ; c'étoit bon signe ; s'il les rejettoit en-dehors c'étoit un mauvais présage. Quelques Auteurs anciens ont cru que Deucalion & Pyrrha n'échappèrent au déluge qu'en se réfugiant sur le Mont Etna. Cette montagne a été de tous temps si célèbre , que les Poëtes Latins ont nommé la Sicile ; *Ætnea Regna.* Il paroît que les Anciens appelloient du nom général d'*Ætna* , ces diverses montagnes contiguës & inférieures auxquelles les modernes ont donné des noms particuliers , comme , *Monte Arso* , *tre Monti* , *Monte Illici* , *Monte Urna* , *Dorso d'Asino* , &c. , qui ne sont que des parties ou une continuation du Mont Etna. Le nom de Mont Gibel , que les modernes lui ont donné , est un pléonasme , & ne signifie autre chose que le Mont-Mont , car Gebel , en Arabe , signifie une montagne , & vient des Arabes ou des Sarrasins qui ont possédé la Sicile.

DESCRIPTION DU VÉSUVE.

LE VÉSUVE eſt une très-haute montagne d'Italie, dans la Terre de Labour, environ à huit milles de la ville de Naples, en tirant vers le midi oriental, fameuſe par ſes incendies, & par les feux & les cendres qu'elle jette en abondance. On l'appelle dans le pays *Veſuvio* & *Monte di Summa*, à cauſe du Château de ce nom, qui étoit bâti tout auprès. On le nomme en François le Mont Véſuve. Dans les Auteurs anciens cette montagne eſt ordinairement nommée *Veſuvius*; mais dans les Poëtes elle eſt quelquefois nommée *Veſujus* ou *Veſbius*.

Il ne paroît pas abſolument que le Mont Véſuve ait toujours été Volcan, ou du moins il jettoit du feu ſi rarement, que l'éruption du feu & de la cendre paſſoit pour un prodige. Ce n'eſt que depuis le règne de la famille Flavienne, que le Mont Véſuve a été appellé l'Emule du Mont Etna. Tous les Ecrivains qui en ont parlé auparavant font l'éloge de la beauté, de la fertilité de ſes campagnes, & de la magnificence de ſes maifons de plaifance bâties aux environs. Ceux qui font venus depuis l'ont dépeint comme un goufre de feu capable d'embrafer, non-feulement l'Italie, mais encore l'Europe entière. C'eft ce qu'on peut voir dans Virgile, Stace, Lucrece & Martial. On peut y ajouter encore les témoignages de Tacite & de Pline le jeune. Le premier dit, *Annal. l. 4, c. 67*, qu'avant que le Mont Véfuve s'embrâfant, eût changé la face des lieux, l'Ifle de Caprée avoit la vûe fur un très-beau Golphe ; le fecond ; *l. 6, Epift. 16*, en décrivant cet embrâfement, fatal à fon oncle, par la curiofité qui le porta à s'approcher de trop près pour examiner ce prodige, dit que fon oncle a péri, par une fatalité qui a défolé de très-beaux pays, & que fa perte a été caufée par un accident mémorable, qui, ayant enveloppé des villes & des peuples entiers, doit éternifer fa mémoire. On étoit fi peu fait à voir fortir des feux du Mont Véfuve, qu'on ne fçut, qu'après cet événement, que c'étoit cette montagne qui s'étoit embrâfée de la forte.

On compte huit milles de Naples au plus haut du Véfuve. Les quatre premiers milles

ſe font entre pluſieurs bons villages , en ſuivant le bord de la mer : ces endroits ſont
bien cultivés , & ne paróiſſent pas avoir jamais été expoſés aux ravages de la montagne , encore que cela ſoit ſouvent arrivé ;
il y a ſeulement de lieu en lieu , quelques
groſſes pierres qui ont été roulées juſques-là.
C’eſt ce que rapporte Miſſon , dans ſon
Voyage d’Italie, tom. 2 , p. 54.

Au ſortir du dernier village , appellé
Reſina , en prenant ſur ſa gauche , on commence à monter , & on peut encore aller à
cheval pendant deux milles & demi. On eſt
toujours parmi les roches détachées , & les
maſſes de terre cuite , que les vomiſſemens
de la montagne ont répandus dans les environs. Plus on avance , plus on trouve le terrein crevaſſé, ſec, brûlé, & couvert de diverſes
ſortes de pierres calcinées, qui ſont autant de
témoins des furieux accès de l’embrâſement.
On remarque auſſi , en divers endroits , les
lits des torrens de ſoufre & de bitume , qui
ont pluſieurs fois découlé de cette montagne.
Enfin, la moitié devient ſi rude & ſi difficile,
qu’il faut néceſſairement mettre pied à terre.
On peut croire qu’il n’y a là ni cabarets , ni

autres maisons : les valets gardent les chevaux.

Il y a beaucoup de travail à monter sur ce prodigieux fourneau ; on est presque toujours bien avant dans les cendres, si toutefois on peut donner le nom de cendres à ce qui ressemble plutôt à une brique pulvérisée. Quelquefois on recule au-lieu d'avancer, parce que ces cendres obéissent sous les pieds ; & après diverses petites reposées, qu'il faut nécessairement faire, on arrive sur le bord de l'ancien goufre ; je dis l'ancien goufre, parce que les choses ont bien changé depuis un certain temps. Cette première hauteur sur laquelle on se trouve, fait un cercle autour du goufre : le sommet de la montagne ayant été usé, on conçoit bien quelles manières de cornes & d'élévations ont dû demeurer dans le circuit de sa hauteur. Selon ce qu'on en peut juger, cette fondrière a près d'un mille de diamètre : on y peut descendre par quelques endroits, jusqu'à environ cent pas au-dessus du cercle escarpé du bord de la montagne, ce qui est toute la profondeur de cette ancienne ouverture. Par un dégorgement extraordinaire, dit Misson, ce vaste abîme s'é-

toit prefque rempli, dans un des derniers
efforts, d'un mélange de foufre, de bitume,
de minéraux, d'alun, de nitre, de falpêtre,
de terres fondues ou vitrifiées. Toutes ces
matières ayant ceffé de bouillir, avoient formé une croûte épaiffe, une efpèce d'écume
endurcie, qui faifoit un niveau dans le goufre, à cent pas au-deffous de fes bords,
un furieux tremblement de la montagne a
depuis brife cette croûte, cette épaiffeur
de matière endurcie, & en a renverfé les
morceaux les uns fur les autres ; comme
quand, après qu'on a rompu la glace d'un
étang, une prompte gelée en refferre auffi-
tôt les pièces enfemble. Cette fuperficie ra-
boteufe, mais égale dans fon inégalité eft
toute parfemée de foupiraux ardens, d'où
s'exhalent des fumées perpétuelles : en quelques endroits on fent la chaleur au travers
du foulier, en paffant feulement. Ce n'eft
pas tout ; juftement au milieu de cette étendue, qui, pour le dire en paffant, eft à-
peu-près ronde, une irruption furieufe s'eft
ouverte un paffage & a formé une nouvelle
montagne. Cette montagne eft ronde auffi &
a bien un quart de milles de haut. Il n'eft pas

poſſible d'en compter les pas , parce qu'il eſt impoſſible de les faire égaux , à cauſe des cendres qui incommodent , & qui font quelquefois reculer.

Après avoir traverſé ces manières de glaces rompues , qui font comme un foſſé plat & large d'environ trois cens pas, entre les bords de la grande montagne nouvelle , on monte celle-ci , avec autant de peine pour le moins, qu'on avoit monté la première. Elle eſt toute pleine de crevaſſes fumantes. En divers endroits on voit le foufre preſque de toutes parts, & comme une manière de fel ammoniac tirant fur la couleur de citron. En d'autres , c'eſt une matière rouſſeâtre & poreuſe , comme cette écume de fer qui ſe tire des forges des Maréchaux. Il y en a de toutes couleurs, de toutes façons, de toute peſanteur. Tout cela ayant été cuit & recuit par un feu ſi ardent , & ce compoſé de tant de matières différentes , ayant été fondu & incorporé enſemble , on peut aiſément ſe repréſenter ce que c'eſt. Le ſommet de la petite montagne a ſon ouverture comme la grande avoit la ſienne ; & c'eſt-là qu'eſt aujourd'hui la gueule du profond abîme. Il eſt environ large de cent pas. Il en ſortoit, quand M. Miſſon le vit, un torrent de fumée, qui en rempliſſoit preſque toute la capacité ; mais il venoit quelquefois des coups de vent d'en-haut, qui chaſſoient tout-d'un-coup cette fumée, tantôt d'un côté & tantôt d'un autre ; ce qui permettoit de voir le haut de l'ouverture aſſez clairement, quoiqu'à divers tems.

Le bord, continue M. Miſſon, en eſt eſcarpé tout autour en-dedans, excepté dans un ſeul endroit, où il y a aſſez de talus pour y pouvoir deſcendre. Notre Guide y ayant deſcendu le premier, ſoixante ou quatre-vingt pas avant, nous l'avons ſuivi ; ce qui n'étoit pas néceſſaire, & ce que je ne conſeillerois de faire à perſonne. Nous avons donc été tous ſur le bord de cet épouvantable précipice, & nous y avons fait rouler pluſieurs pierres ou autres maſſes dures que nous avons détachées tout autour de nous. Quelquefois cela s'arrête à la première ou à la ſeconde chûte ; & d'autres fois, il ſe faiſoit une longue continuation de caſcades, avec aſſez de reſſentiment. Il ſeroit inutile de vouloir meſurer le tems que ces pierres mettent à ſauter ou à defcendre , parce qu'il n'y a point de fond fenfible où il faille qu'elles s'arrêtent. Le bruit ne ceffant , quand il ceffe , qu'à l'égard de ceux qui écoutent, & que le feul éloignement empêche d'entendre.

Nous ne nous fommes pas apperçus que ce que nous avons fait tomber dans ce goufre ait fait augmenter la fumée. Il eft vrai qu'il eût fallu pour cet effai, de plus groffes maffes, encore eft - il fort incertain qu'elles euffent produit aucun effet, n'y ayant rien qui doive obliger de croire qu'il y ait un lac de matières bouillantes qui répondent perpendiculairement à l'ouverture de la montagne. Il y en a qui portent de la poudre à canon , & qui font des mines, pour avoir le plaifir de faire fauter de plus gros rochers ; mais , à parler franchement , j'eftime qu'il y a de l'imprudence à pouffer fi loin la curiofité , dans un endroit fi dangereux , & je crois même que c'eft fagement fait de ne pas s'amufer là trop long - tems. Le prompt dégorgement des flammes n'eft pas ce qu'il y a de plus à craindre, mais le tremblement de la montagne en précède les grands éclats , & cela eft prefque toujours fubit. Plufieurs y ont été furpris.

Tout le monde fait que Baronius, après plufieurs anciens Auteurs, a rapporté des embrâfemens de cette montagne, que les éclats en ont fauté jufqu'à Rome & jufqu'en Egypte, que l'épaiffeur de fa fumée a fait comme éclipfer le foleil, & a caufé dans les environs des nuits obfcures en plein midi; que les torrens de foufre en ont couru jufques dans la mer, & que cette même mer en a bouillonné & bouilli de chaleur. Mais fans avoir recours aux anciennes Hiftoires, il n'y a qu'à confulter les relations des divers embrâfemens arrivés dans ces derniers fiècles, & on conviendra que rien n'eft plus terrible que les éruptions de ce volcan.

Si le Mont Véfuve & fes approches font, en quelques endroits, un fpectacle affreux, le territoire, à peu de diftance, eft bon au fouverain dégré ; & du côté de l'Orient fur tout, la montagne même, eft chargée de vignes qui s'élèvent fur de grands peupliers, & qui donnent abondamment des vins excellens. C'eft de-là que viennent ces fameux vins *Greco*, *Malatefta*, *Lachryma-Chrifti*. Ceux qui ont plus examiné la chofe dans le pays, prétendent que ces efpèces de cendres

qui font pouffées par les dégorgemens , &
parfemées dans la plaine , venant à fe dif-
foudre peu-à-peu , & à s'incorporer avec le
terroir, qui eft naturellement bon, l'en-
graiffent encore & contribuent beaucoup à
fa fertilité, outre que les feux fouterrains,
dont toute cette contrée eft remplie , entre-
tiennent conftamment les fucs de la terre ;
& l'air dont elle eft environnée , dans un
heureux dégré de chaleur, qui la défend des
hyvers. Si donc , d'un côté , ce mont affreux
tient toute cette belle Province fous fon ty-
rannique empire , & y exerce quelquefois
des cruautés terribles , il ne laiffe pas de lui
faire auffi quelque bien. On peut dire même
que le mal qu'il fait , par rapport à la fté-
rilité qu'il caufe , eft furmonté par la fertilité
qu'il répand. Mais , tout confidéré , il eft
certain qu'on ne doit guère faire d'attention
au petit avantage qu'on en reçoit , quand on
compare cet avantage aux fureurs qu'il
exerce , puifque dans les tranfports de fa
rage , il attaque tout enfemble l'air, la terre
& la mer , porte par-tout l'horreur & la mort.

On a remarqué que quand les feux fouterreins , qui caufent tous ces défordres ,

peuvent faire effort pour l'ouverture de la montagne, les tremblemens de terre ne font pas fort grands, mais, qu'au contraire, les fecouffes font terribles, quand les matières enflâmées ne trouvent point d'iffue.

Voici ce que dit Michelot touchant cette montagne, dans fon Portulan de la Méditerrannée, *pag. 121.* Cette montagne eft dans une grande plaine, fort haute & écartée du bord de la mer, d'environ une lieue. Elle jette continuellement une quantité de feu qu'on voit de nuit & de jour ; il ne paroît qu'une groffe fumée qui fort par fon fommet, & par plufieurs petits trous qui reffemblent à des foupiraux. Au-deffus de cette montagne, du côté de la mer, il y a un grand Monaftère de Religieufes & quelques maifons auprès. Le Monaftère s'appelle *San-Archangelo* ; il eft bâti fur une colline.

F I N.

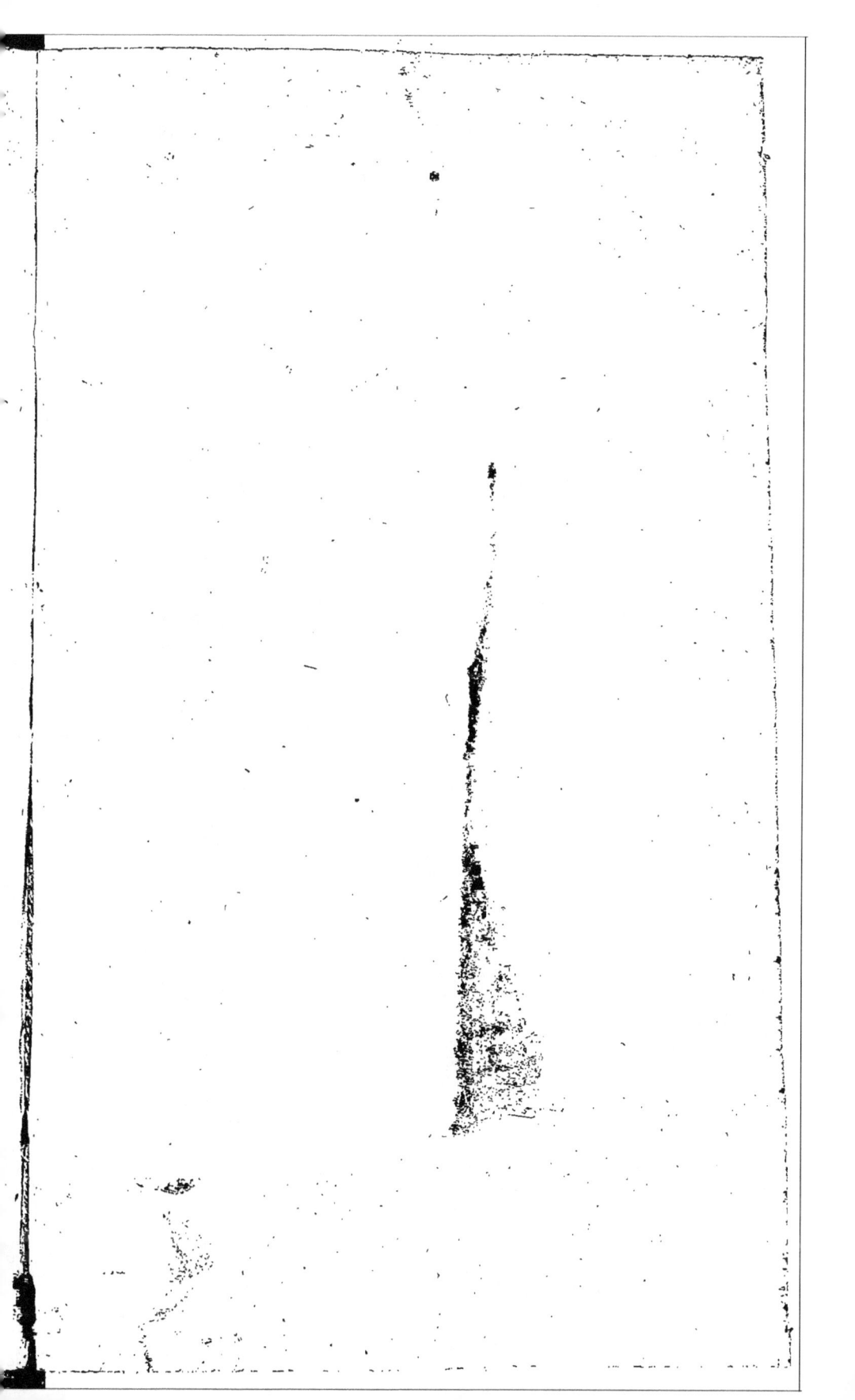

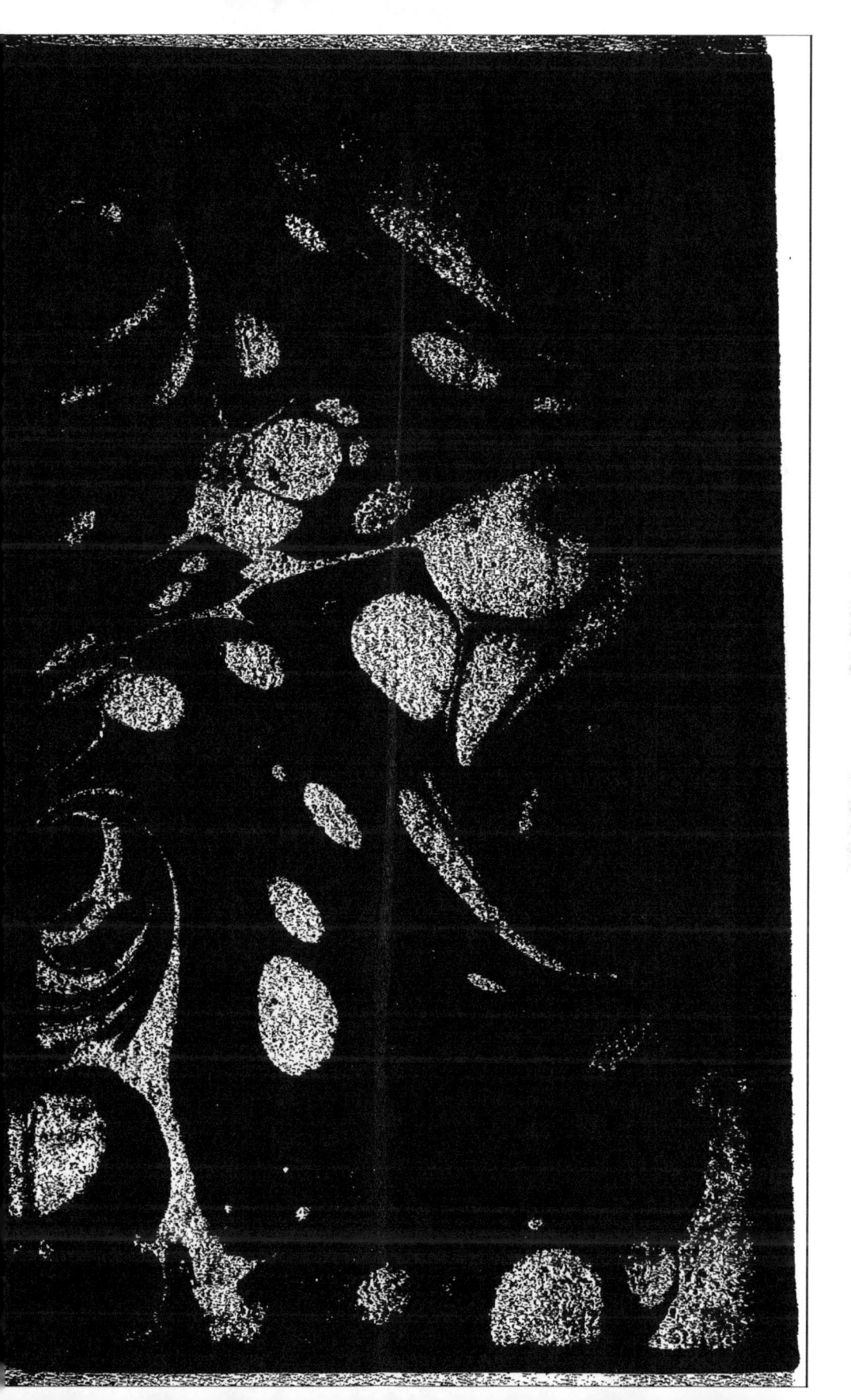